次の２つの言葉を比べてみてください。

JN155996

これ、以前に〇〇さんが担当していた商品と似ているのですが、30代女性をターゲットとした商品です。〇〇さんが担当していたものとの違いですが、一応あれも結構売れたのですが、それと違いをつくらないといけないなと思いまして。さて、違いですが、ツイッターでも人気の〇〇氏というイラストレーターさんのイラストをパッケージに入れたいと思っています。〇〇氏は、以前の商品を昔使っていたようでして、ご自身のインスタグラムでも紹介していました。だから、8割方はお受けいただけるのではないかと思っています。

もう1つ、前回からどう新しさを出していくかという点ですが、前回とは違った顧客層をイメージしておりまして。今回は以前より健康志向の人を取り込みたく、科学的にも実証された成分を入れて、より意識の高いユーザーに手に取ってもらえたらと思っております。

では、次の文章を見てください。

わが社のロングセラー商品をベースに、パッケージデザインを改良し、成分の改善を加えて、30代女性をターゲットにさらなる売上増をねらった商品です。

さて、どちらがわかりやすいでしょうか？　どちらがもっと聞いてみようと思うでしょうか。

当然、後者ですね。

「そんなの当たり前だよ」と思われるかもしれません。

でも、私が見ている限り、95%くらいの方はいらない話を省けないばかりに、伝わらない状態でいます。しかも、そのことに気づかない。

はっきりいって、もったいないことです。

少し不要な話をなくして短く伝えられていたら、あの提案は通っていたかもしれません。

短く報告ができていたら、上司も仕事がやりやすくなり、あなたをもっと信頼していたかもしれません。

短く適切に相手の記憶に残せたら、普段会えない経営者に認められ、千載一遇のチャンスをつかめていたかもしれません。

本当にそれだけ重要なことなのに、皆さん、うまくできていない。

それもそのはずで、ちょうどいいテキストがないからだと思うのです。

世にいう「論理的な話し方」や「プレゼン」の本では、何かが欠けているのです。

だったら、伝えるための「根本」を皆さんにお伝えしようじゃないか、というのがこの本です。

読めば、「こんなことで何倍にも伝わり方が変わるんだ」と実感されると思います。

まえがき

私は、人に何かを伝えることが本当に苦手だった

私は社会人歴28年となります。現在はヤフー・アカデミアという企業内大学の学長として、また様々なアクセラレータープログラムのメンターとして様々な講義を行ない、プレゼンテーションの指導をしています。また、グロービス経営大学院の客員教授として、ビジネスパーソン向けに授業をしています。

今でこそ「伝える」「プレゼン」を仕事にしていますが、新卒で日本興業銀行に入ってから数年は、プレゼンテーションが大の苦手でした。会社で上司に提案するとか、会議で関係者に方針を説明する際には、もう、いつも、逃げ出したくなるくらい緊張していました。事前に準備して説明してもうまくいかないし、急に説明を求められたら、必ずといっていいくらい、撃沈していました。

「君の言っていることは、まったく理解できない」

そう言われたことも何度もあります。

そんな自分にとって、伝え方を改善するための大きな気づきとなったのは、グロービスの授業で「ストーリー」の作り方を学んだことでした。

そもそも話が通じない人は、こんな風な話し方になっていると思います。

「昨日部長はああ仰っていましたが、現場ではBという問題があり、だから私としてはこうしたいのですが、Cさんはまた別の意見を持っていてですね……」

このように、ストーリーはおろか、事実と自分の意見をただただ羅列しているだけ。要は全部ダラダラと話しているだけなのです。だから必然的に話が長くなるし、相手も何が大事なのかわかりません。

ストーリーを考えようとするなら「何が大事なのか」、そして「どうしたら相手に伝わるのか」をきちんと考えることが必要になります。だからこそ1分でも伝わるような凝縮した言葉になるのです（といっても、実際にやれば簡単ですから、本文をぜひご覧ください）。

そんな学びを現場で実践しながら、私は少しずつ「伝えるスキル」を磨いていきました。

私にとって決定的だったのは、2011年、ソフトバンクの孫正義社長の発案で、孫社長の後継者を育てるという「ソフトバンクアカデミア」の募集があったことです。特にソフトバンクにも孫社長にもこれといった興味があったわけではなかったのですが、選考はすべてプレゼンにて行なうとあり、「最終選考プレゼンは私が見ます」と孫社長が言っている。「あの有名なすごい経営者に会うことができるかもしれない」「それはおもしろそうだ」という軽い理由で応募したわけです。

選考は3回のプレゼンでした。1回目と2回目はソフトバンクの幹部の方が審査員でしたが、これを軽く乗り越え、最終予選に進み、孫社長の前でプレゼンをしました。そして合格。あれ、ひょっとして自分はプレゼンテーションが得意になっているかもしれないという気がしてきました。

入校して初回のプレゼン大会は、孫社長やソフトバンクの幹部、他のソフトバンクアカデミア生の前でプレゼンを行ない、全出場者中、2位の成績を収めました。出席者たちからは「プレゼンがすごい！」「熱量がすごい！」と驚かれ、何より孫社長からは「おもしろいね、任せてみたいね！」と特別にコメントをいただき、うれしい経験をしました。何より自分に「伝える力」がついてきて、人に「おもしろい！」と思ってくれるくらいまでになってきたということに特に感激しました。

本書では、私がこの長い時間をかけて得てきた自分のスキルを、余すことなく皆さんに伝授しようと思います。本書は、「伝える力」を世界で一番簡単に習得できることを目指しています。結果として、世界で最も「はっ」とするような気づきを得てもらえたら、と願っています。

さあ、「コミュニケーションで相手に動いてもらう」ことを楽しむ旅に出発しましょう。

２０１８年2月

伊藤　羊一

Contents

第2章
STEP2

1分で伝える
——左脳が理解するロジックを作る

てっぺんのないピラミッドになっていないか
——ロジカルな1分ストーリーを考える

考える＝結論を導き出す——事実やデータは結論ではない
考えるつもりで、悩んでいないか

根拠は3つ——ピラミッドで「枠組み」を共有しよう

意味がつながっていれば「ロジカル」——1分で誤解なく伝える

「基本的に」は不要——いらない言葉をいかに削るか

頑張ったことは話すな！——話が伝わらなくなる4つの話
「プロセス」を話す／気を遣いすぎる／自分の意見とは違うことを言う／笑いを入れる

通じないときは、前提を揃えておく

第7章

実践編

【会議】とっさに意見を求められて真っ白になる

相手は何を質問しているのか、を見つけよう／会議では「ポジション」をとるのが大事／上司に意見をぶつけていいか？／意見を言うと、否定する上司に対しては？／自分から手を上げなくても、発言できる方法

【プレゼン】自分の話を聞いてくれているような気がしない

声を大きくするだけで、7割方解決する／言葉にイメージを持てば、トーンは自然に変わる／ただ大きくしても意味はない／「ロジカル」なだけでは伝えられない／誰に向かって話していますか？／実際に観客に近寄ると、「私たち」という意識を作れる／声に出して、立って、何度も練習しましょう。時間の許す限り

【上司への提案】プレゼンではなく、「対話」を意識しよう

上司と自分の「ピラミッド」をすり合わせよう／ピラミッドをとれば、話の主導権は握れる／目上の人に対しても「私たちは」を使う／意見が合わない時は／上司の話も引き出せ

【取引先との商談】──提案よりも「問題解決」で信頼を作る

何を優先させるのか／信頼を得るために

【ファシリテーション】広げて絞る流れを意識しよう

ゴールを決める／結論は誘導しない／事前準備を必ず行なう

序章

そもそも「伝える」ために考えておくべきこと

うまいプレゼンより、「動いてなんぼ」

気合の入ったプレゼン。内容には自信もあり、説明したいポイントもたくさんある。よどみのないトークで会心のプレゼンができ、「やった！」と心の中で叫びそうになった時に相手が、「で、つまりどういうこと？」。

社長や役員を前にしたプレゼン。そのため念入りに準備はしてきたものの、いざその場になると、普段とは違った空気に緊張してしどろもどろになる。

ふと前を見ると、つまらなそうに資料をぺらぺらめくっている役員が見えて、心が折れる――。

皆さんの中にも、このような経験をお持ちの方はいらっしゃるのではないでしょうか？（実際、私にはそういうつらい経験がたくさんあります）

人はあなたの話の80％は聞いていない

皆さんの多くが誤解をしているのは、

「自分が伝えたいことを話せば、人は話を聞いてくれる」

ということです。


確かに学校でも会社でも、そう教わってはきました。

「前で話をしている人がいるのだから、静かに聞きましょう」

このように何度も言われてきたものです。


でも、実際どうでしょう？（あなたは、聞いていますか？）


まず、1つ気づいてほしいのは、そもそも、**「人は、相手の話の80%は聞いていない」**

ということです。


会議や朝礼など聞かざるをえない状況で、いやいやその場にいるのかもしれない。

たとえ最初は聞こうと思っていたとしても、いつの間にかぼんやりと違うことを考えてしまっているかもしれない（雨が降ってきて、「あ、洗濯物どうしたっけ」とか）。

聞いている人の頭の中をのぞいて見ると、眠いとか、退屈とか、ちょっと寒いなとか、早く終わらないかなとか、いろんなことを考えていると思います。

でも、それが当然だと思ってください。

どんなにプレゼンがうまくなっても、こちらの言うことを100%理解してくれる、なんてありえません。

私も「伊藤さんのプレゼンはわかりやすい」「心に響いた」とおほめの言葉をいただくことはありますが、そもそもの主張のところを理解いただいていなかったり、「さっき言ったんだけどな」ということを質問されたり、誤解されて伝わっていたりすることは今でもあります。

だからどんなに相手が好意的に聞いてくれても、自分がどんなに完璧なプレゼンをしたとしても、自分が話したことがすべて相手の頭の中に残っているということは不可能だと考えています。相手の理解力が悪いわけでもなく、自分の伝え方が悪いわけでもなく、コミュニケーションというものはそういうものなんです。すべては伝わらないんです。

自分の話を聞いてほしいなら、まず「みんな人の話を聞いていない」ということからスタートしてほしいのです。

「1分」で話す

では、コミュニケーションを諦めていいのかといえばそうではありません。チームで仕事をするうえでコミュニケーションは非常に重要な要素です。ここがうまくいけば、たとえば3人が力を合わせて4人力、5人力となります。うまくいかなければ「1人でやったほうが速い」となってしまい、1人分の力しか出せません。

チームの力を最大限活かすためには、自分の主張を相手にしっかり伝え、理解してもらい、動いてもらう力、すなわち「プレゼン力」が必要です。私が言うプレゼン力とは、人前で発表するスキルでも、話すスキルでもありません。人に「動いてもらう」力です。

聞き手はそもそも8割方聞いていないし、理解もしていない。であれば、それをそもそも理解したうえで少しでも相手の頭に残し、相手が動くためにはどうしたらいいか、の勝負になります。

そのために必要なのは、

「1分で話せるように話を組み立て、伝えよう」

ということです。これが基本です。

私が思うに、

「1分でまとまらない話は、結局何時間かけて話しても伝わらない」

逆にいえば、

「どんな話でも『1分』で伝えることはできる」

ということなのです。

特に忙しい上司や役員などは、「1分」のほうが聞いてくれる確率は高いでしょう。

5分で話すべきことも、30分かけて話すことも、1時間与えられた時でも、まずは「1分で話せるように」話を組み立てましょう。これができれば、格段に「伝える力」がアップします。

「右脳」と「左脳」に働きかける

本書では、この「1分で伝える」極意を紹介していきます。

本題に入る前に私のプレゼンのポイントに触れておきます。

それは、左脳と右脳の両方に訴えかけることです。

ビジネスだから、もちろんロジック（左脳）を理解してもらうことは大事です。後で紹介しますが、ビジネスで「おもしろい」のは、世間話やこぼれ話ではなく、「ロジック」に基づいた話です。

でも、ただ単につらつらと、ロジックだけ話されると、

「はいはい理解した、理解した、理解した……。それで？」

ってなりませんか？

情熱だけでは人は動きませんが、ロジックだけでも人は動きません。

マネージャー的な立場で仕事をされている方なら、「正しいことを言って人が動くのであれば、苦労はしない」と実感される方もいるのではないでしょうか。


結局、人は左脳で理解し、右脳で感じて、それでやっと動けるんです。

また、伝える側自身に情熱がなければ、他人に対して何度説明したところで動いてくれるわけはありません。


人を動かすには、「左脳」と「右脳」の両方に働きかけなければなりません。

スキルとしてロジカルに伝えることも大事だし、熱狂するマインドも必要です。

右脳と左脳に働きかけるということをぜひ意識してください。

第1章

STEP1
「伝える」ための基本事項

本格的な内容に入る前に、誰かに伝えたり、プレゼンをしたりする前に、ぜひ覚えておいていただきたい考え方を説明したいと思います。

人に何かを伝える際、「そもそも何のために自分はここにいるのか？　何のためにプレゼンするのか？」ということを明確に意識しながら、できていますか？

なぜ意識しなければいけないかというと、それは、「聞き手を動かすため」です。聞き手は、あなたが望んでいるところにまだいません。だから、伝えること、プレゼンすることが必要なのです。言葉を使って、あなたが望むゴールに、聞き手を動かしていく。これが大事なのです。

当たり前のことのように思えますが、実際には、それを意識されていない方が非常に多いです。

「上司に報告しろと言われたからプレゼンする」

「とりあえず自分の意図を理解してほしいからプレゼンする」

こんなことでは、いい結果は生まれません。

「相手を動かす」

これをまず、明確に意識しましょう。

相手は誰か？ どんなことに興味があるのか？

さて、「何のためにプレゼンするのか」を言語化してみると、ほとんどの場合、「(どこで) 誰に、何を、どうしてもらいたい」という構造になっています。

カギは「誰に」です。相手がいるわけです。プレゼンテーションは人に何かを伝えて、理解してもらうか、賛成してもらうか、動いてもらうかを目指してやるわけですから、当たり前です。

そして、この「相手が誰か」をイメージしながらプレゼンを作っていきます。これは、「誰に」伝えるものなのか、相手は何を考えているのかについて考えます。

具体的には、

- **どういう立場にいるのか**
- **どんなことに興味があるのか**
- **どんなことをこのプレゼンに求めているのか**
- **専門的な要素についてどのくらい理解できるか**
- **何をどんな風に言うとネガティブな反応をするのか**

といったことです。

つい先日、あるスタートアップのCEOの方が、初めて経験するプレゼンの場に臨むのだが、プレゼンをどう組み立てたらいいかよくわからないと、私にアドバイスを求めてきました。そのプレゼンの場というのは、米国のアクセラレータープログラムのピッチ（プレゼン）コンテストで、勝ち抜いたら3か月間の事業支援プログラムに参加できるとのことでした。

私はまず、あなたはなぜそのピッチコンテストに出るのかを聞きました。彼女が言うには、これから米国展開をしていくにあたり、様々なアドバイスを得ながらチャレンジしていきたい、だからアクセラレータープログラムに参加したいんだと。しかし、海外のピッチコンテストに出場するのは初めてで、何をどう伝えたらいいか、ぼんやりしてしまって進まない、どうしたらいいでしょう？ということでした。

そこで私から、

「自分が審査員にプレゼンしているところをイメージしてみよう。その人がどんな人で、そもそも1人か複数なのか、どんな表情をしていて、自分のどんな言葉に反応しているか、何を言われたら大きくうなずきそうかを、克明に想像してみよう」

とアドバイスしました。

彼女はその光景を頭の中でイメージしてみたのでしょう。

「イメージがバリバリ湧いてきました。頭の中に出てきた審査員たちの表情を想像しながら、ストーリーを組み立てます」

と言って、自信をもって資料の作成に向かいました。そして見事、コンテストに入賞し、米国で支援プログラムに参加することになりました。

このように、聞き手のイメージができれば、その人たちの反応を想像しながら準備することができます。話す内容、言葉遣い、話し方など、その「聞き手のイメージ」に基づいて伝える内容を作り上げていくわけです。

ゴールは何か
――「理解してもらう」はゴールにならない

たとえば、次の２つを比べてみてください。

Ａ「営業部と連動して、より欠品に対して迅速に対応できるシステムを開発したいのです」
Ｂ「営業部と連動して、より欠品に対して迅速に対応できるシステムを開発したいのです。つきましては、営業部長の○○さんに部長からもお話しいただけませんか」

さて、どちらが仕事をスピーディーに進めることができるでしょうか？

「何のためにプレゼンをするのか」「聞き手はどんなイメージか」を考えたあと、次に考えるべきは「ゴールは何か」です。このプレゼンを通して、「聞き手をどういう状態に持っていくか」「どこをプレゼンのゴールとするのか」を言語化します。

具体的にいえば、

- **聞き手が賛成にせよ反対にせよ、何らかの意見を表明してくれればいいのか**
- **聞き手が賛成してくれたらいいのか**
- **聞き手に動いてもらう必要があるのか**

というように、聞き手が「どこまでやればいいのか」を決めるのです。

私たちはつい、このゴールを強く意識することなく、プレゼンの準備を始めます。「プレゼンの時間が設定された、テーマは××についてだ、おそらくこんなことを説明しなければいけない、よし、資料作りを始めよう、パワーポイントを立ち上げよう、タイトルはどうしたらいいか……」と、なんとなく手を動かしながら準備を始めたりしませんか。これは準備の仕方としては明らかに間違っています。

すべてのプレゼンは、ゴールを達成するためにあります。聞き手のことを考え、聞き手をどういう状態にもっていきたいかを見定めてから、それを実行するために何をすればいいか、何を伝えればいいのかを逆算で考えていくのです。

とある社員から、上司に対してどのようにプレゼンをしたらいいか迷っているので相談に乗ってほしい、というメールをもらいました。話を聞いてみると、自分が実行したいと考えていたが、なかなか前に進まなかったある開発案件を上司に説明して理解してもらいたいとのことでした。

しかし、よくよく聞いてみると、そのプランを実行するにあたっては、上司に対して、他部署に働きかけてサポートしてほしいという希望もありました。そうだとしたら、目的として、上司が理解するだけでは不十分です。そこで「他部署のサポートを得る」をゴールとして設定し、そのゴールに基づき、すべてのシナリオを組み替えるよう、アドバイスしました。

そう、端的にいえば、冒頭のAのプレゼンから、Bのプレゼンに変わったわけです。

こういう細かなことでも、「ゴール」を明確にするのは大切です。


「上司に、他部署に働きかけてほしい」というゴールは、私と話しているうちに出てきたものであり、当初彼は、「なかなか難しい開発案件で、そんなに簡単に進まないだろうから、理解してもらったら、あとはまた考える」というスタンスでした。

しかし、そのままプレゼンしていたら、おそらくその上司はプレゼンを聞いた後、「うん、わかった。それで、結局、君は何がしたいの？」

と質問したことでしょう。

それに対し、「それについてはまた別途ご相談します」と答えていたら、また話が進まなくなるのは目に見えています。


そもそも、「理解してもらう」というゴールがおかしいのです。伝える側が、聞き手に、「理解したうえで、どうしてほしい」のか、君が動くのか私が動くのか、どうすればいいのか、ということを、必ず考えなくてはならないのです。

伝える前の整理ノート

■ 伝える相手はどんな人か

立場 /

興味 /

自分に求められていること /

テーマについて理解していること /

何に対してネガティブか /

■ ゴールは何か

その社員が相談してきた時は、もうこの世の終わりのような表情をしていましたが、こうして進むべき道が見えたことでスッキリした表情で戻っていきました。この感じなら、きっとこのプレゼンはうまくいくだろう、と私は確信しました。

彼は、1週間後にその上司に対しプレゼンしたそうです。結果は大成功。「なかなか動かなかった案件が進むきっかけになりました」と喜びのメールをもらいました。

結局、動かしてなんぼ
――「きれいに話す」のは目的じゃない

プレゼンというと、資料を作って、人前で何かを話す、その局面だけを切り取って語られることが多いです。でも、そうやって人前で何かを伝えるのは手段です。ゴールは先ほど書いたように、何かしらの形で「相手を動かす」ことです。

いくらきれいに資料が作れたとしても、いくら流暢に話ができたとしても、相手が動かなければ、まったく意味がありません。

なぜプレゼンをするのか。相手が自分が望むゴールにいないからです。とにかくゴールに相手を動かしていく。これが求められているのです。だから「動かしてなんぼ」なのです。

そう考えると、たとえばプレゼンに至る前の根回しとか、そもそも席配置をどうするか、直前の軽い挨拶、その後のフォローなど、前後のアクションもトータルで設計していくことが大事です。

とにかく「**相手が動くために、できることすべてをやりきる**」ことです。

たとえば私は、社外で講演をする時、始める前に可能な限り聞き手の方々とコミュニケーションをとり、聞き手との距離を縮めておくということをよくやっています。

また、上司に何か提案する際には、事前に可能な限り「こういう話をするんだ」という情報を細切れで投げ続け、「心の準備」をしてもらうようにしていました。

また、あえてプレゼンに複数の「ツッコミどころ」を用意しておき、プレゼン後の質疑応答が活発になるように準備することさえあります。

逆にいえば、プレゼンの本番その場だけで相手が動かなかったとしても、まだチャンスはあるわけです。終了後に手を変え品を変え色々なことを行なって、最終的に相手が動けば、それでゴールは達成です。

「動かしてなんぼ、相手が動くためにできることすべてをやりきる」

そんな意識を持って臨みましょう。

第 2 章

STEP2

1分で伝える

左脳が理解するロジックを作る

どっちが伝わる？

A

この商品はお客さんが絶賛していました。
販売店も受注に前向きです。
実際に数字も上がっています。

B
この商品は増産すべきではないでしょうか。

てっぺんのないピラミッドになっていないか
——ロジカルな1分ストーリーを考える

1分で話せない人、頑張って話しているのにさっぱり伝わらない人は、「てっぺんのないピラミッド」になっています。

たとえばよくあるのは、

「Aさんもいいと言っていました」

「お得意さんも喜んでいました」

「実際に数字も上がっています、以上」

で終わる人。聞いている人は、「で?」ってなります。

ロジカルシンキングを多少なりとも勉強した方は、ピラミッドストラクチャーを学んだ方も多いと思います。

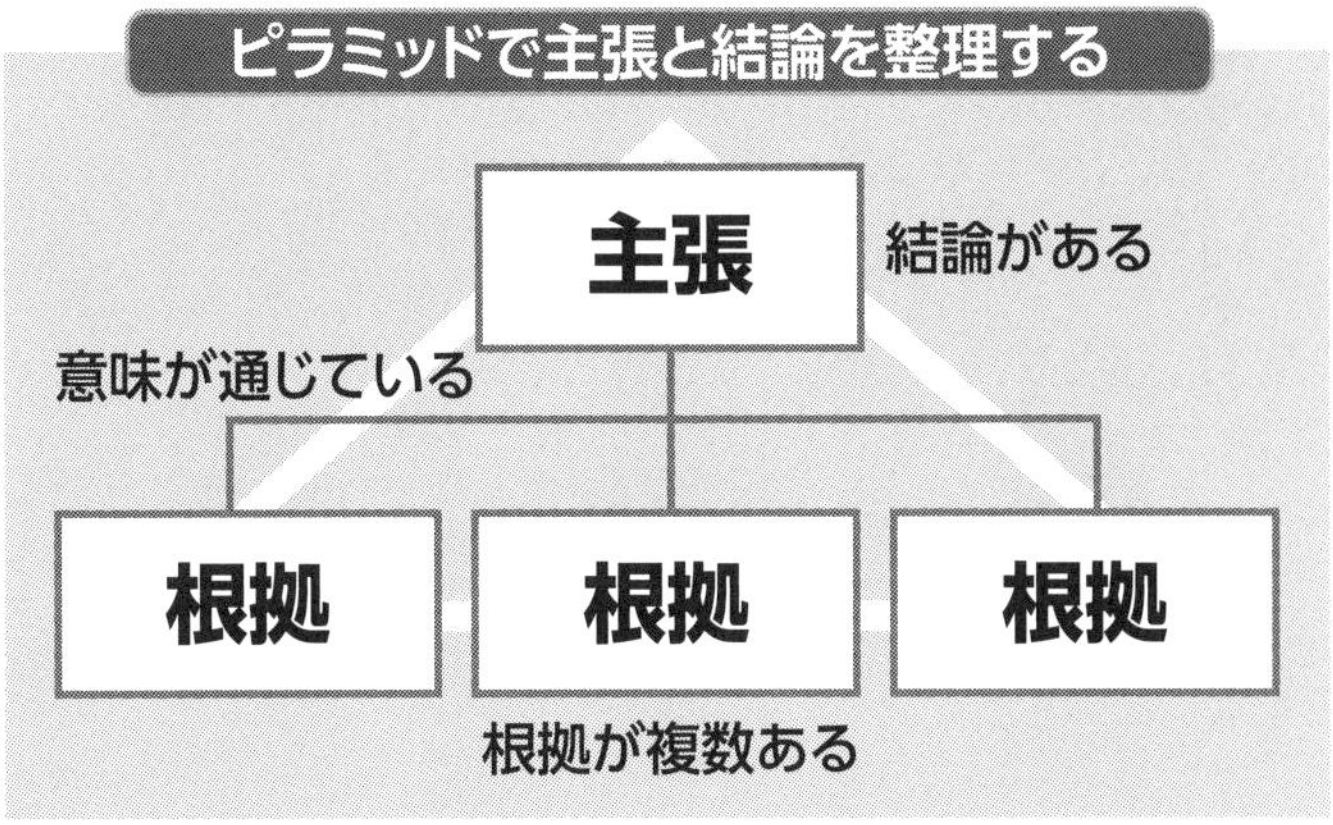

初めて聞く方のために簡単に説明すると、話には結論と根拠があり、その結論を一番上に、根拠をその下に並べたものです。根拠は複数あることが多いので、三角形、つまり、ピラミッドのような形をしているので、「ピラミッドストラクチャー」といいます（上参考）。

38ページのⒶの人は、ピラミッドでいう「根拠」だけがあり、結論がありません。「Aさんがいいと言っていた」「数字が上がっている」など**事例やデータをいくら重ねても、相手はこのデータや事実から、何を読み取ればいいのかまったくわかりません。**だから、「で？」となってしまうんです。

逆にいえば、このピラミッドがしっかり組めれば、話が長くなったり、伝わらなかったりすることはなくなります。

「これが結論です」
「理由はAでBでCだからです」
「わかった、了解」
これだけです。

「1分で考えよ」の根幹はここにあります。まず伝えようとすることの骨組み、つまり、結論と根拠のセットを構築します。これができれば驚くほど説得力を増す伝え方ができます。

そのキーワードはこちら。

「ピラミッドでロジカルにストーリーを考えよう」

「ロジカルに考える」と書くと難しそうですが、そんなことはありません。意味がつながっていればロジカル、それだけでかまいません。型にはめて、「ロジカルに」考える癖をつけましょう。これができれば、確実に説得力が増す話をすることができるようになります。

まずは「考える」ということはどういうことかを考え、次に「ロジカル」というのはどういうことかを考え、そのうえで、ロジカルに考えてストーリーをどう組み立てるかを探っていきましょう。

どっちが
伝わる？

A

分析したのですが、
Aはこんな状況で、　Bはこんな状況なんです。

B
現段階ではAのプランを
優先させるべきです。

考える＝結論を導き出す
――事実やデータは結論ではない

さて、ビジネスマナーなどでは、よく「結論を先に」と言われます。

この「1分で伝えよ」でも、それは同じです。


では、結論ってなんでしょうか？

たぶん、みんな「結論を先に」ということはわかっているのに、なぜか、

「売上が伸びています」

「今年の展示会はＥＶが増えていました」

などという話をしています。むしろ、こうしたことが結論だと思われているのかもしれません。


でも、これらを伝えても事実の羅列となり、結局、「てっぺんのないピラミッド」

になってしまいます。

44ページⒶの言葉もそんな感じです。Bのようにまず結論を言ってから、「分析したのですが、Aはこんな状況でBはこんな状況で、Aのほうが○と×と△の点で優れています」と加えるとよいでしょう。

「結論」については間違ってとらえている方も多いように思います。

これについて、大前研一さんが「考えるとは、知識と情報を加工して、結論を出すことだ」とどこかで書かれていたのを読んだ記憶があります。

知識と情報というのは、いずれにせよデータです。「知識」とは「すでに自分の中にあるデータ」、「情報」とは「自分の外にあるデータ」です。

つまり、「考える」とは、**「自分の中にあるデータや自分の外にあるデータを加工しながら、結論を導き出すこと」**なのです。

こう書くと難しいようですが、私たちは普通にこれをやっています。

たとえば仕事をしていて眠い時。「情報」として「あれ、僕は今、眠いぞ」と気づく。

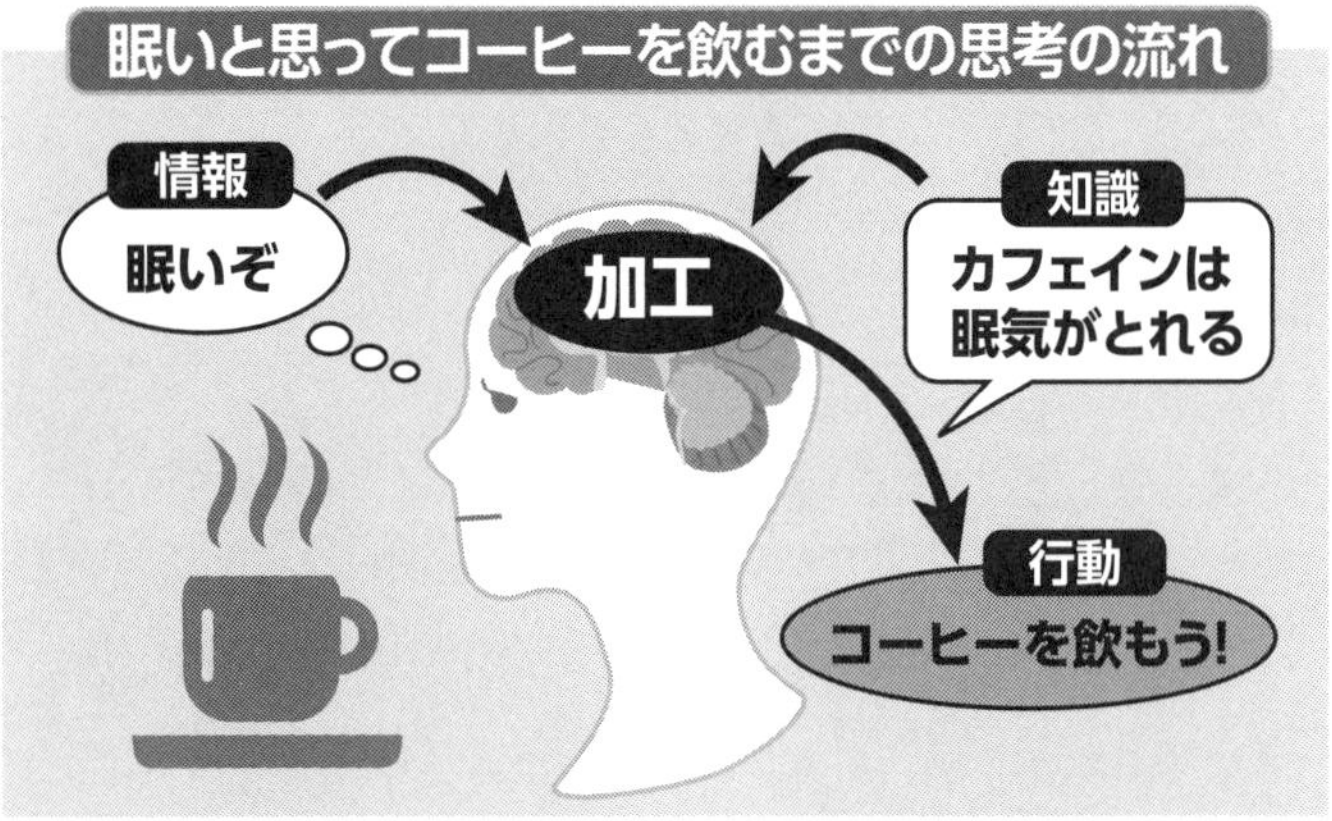

でも、寝てはいられない。「知識」として、「カフェインをとると、眠気がとれる」ということを知っている。で、この2つの、「情報」と「知識」を頭の中でがっちゃんこして、「よし、（カフェインが入っている）コーヒーを飲もう！」と決めて、行動するわけです。

もう1つ例をあげると、曇っている時、「情報」として、曇っているぞというのがわかる。そして「知識」として「曇りの後は、大抵雨になる」と知っているわけです。で、この2つを掛け合わせる（加工する）と、「どうも、雨が降りそうだ」となり、「では、傘を持って行こう！」と決めて行動する。これが、結論ですね。

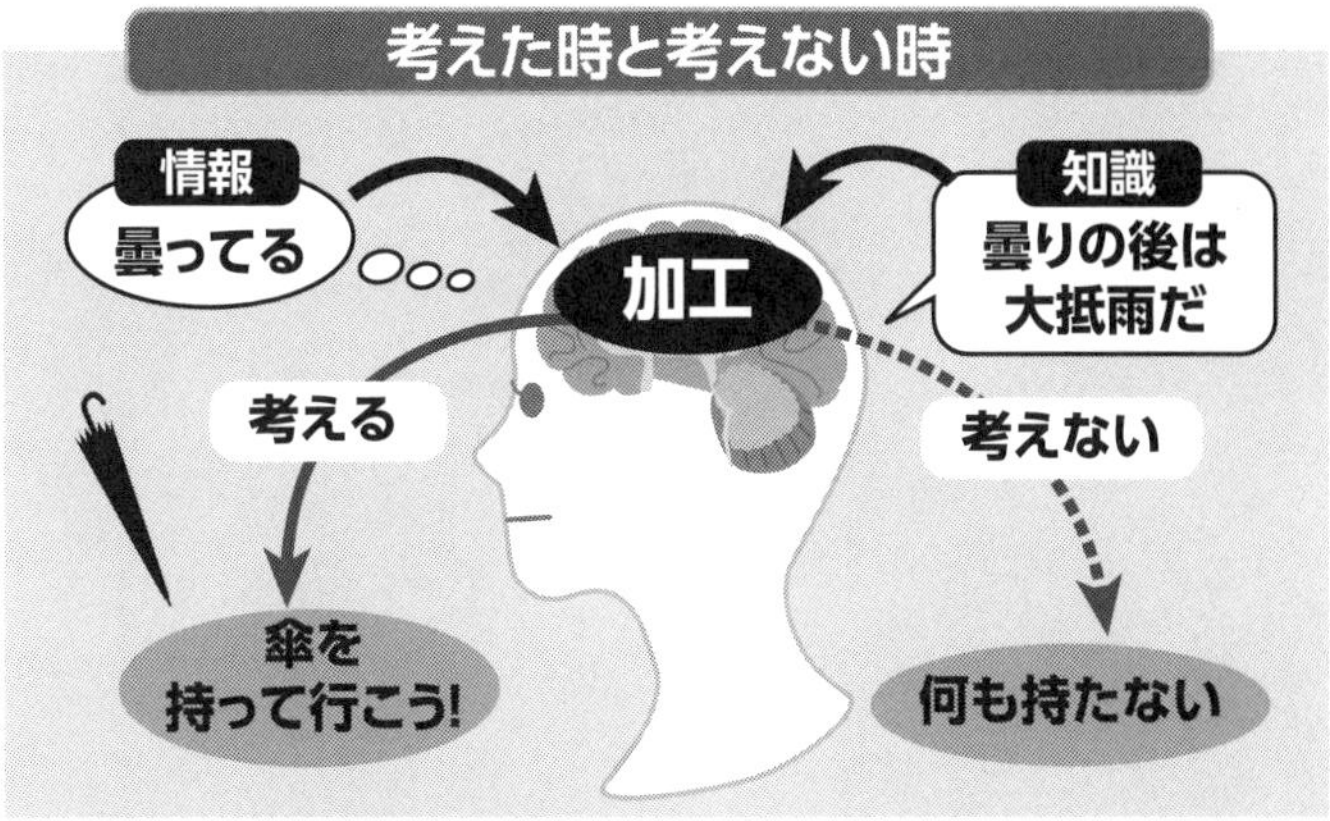

これが、「考えない」とどういうことになるか。「曇っているな……」「雨が降りそうだな……」で終わる。そして、外出して雨に降られ、コンビニエンスストアで傘を買うはめになります。私は特に朝は「考えていない」ことが多いので、しょっちゅう外で傘を買っています。

話を伝え方に戻しましょう。まず何より、きちんと結論を出しましょう、表現しようということです。

伝えるべきことの結論は何か。聞き手に受け入れてほしいことは何か。これをはっきりさせましょう。

考えてみれば、伝えたいことがあるから伝えるのですから、その結論がない、というのはおかしいのです。

しかし、実際には、そんな当り前のことができていません。最初に「結論は何か？」「相手をどこに動かしたいのか？」と明確に決めずに話し始めて迷走したり、資料を作り始めて、「結局、何？」というような資料になってしまうことがあるんです。

そして準備を始める段階ではしっかり結論を明確にしていたとしても、準備しているうちに、あれやこれや言いたいことが出てきて、それを加えているうちに、何だかよくわからないストーリーになっていくこともあります。完璧にしようと頑張るうちに、そもそもの結論が見えにくくなってくるわけです。

また、これは日本人に特徴的かもしれませんが、結論を明確にすることで、その結論に反対の立場をとる人が傷つかないだろうかと考えたり、自信がないところを突っ込まれたらいやだから、ちょっとぼやかしておくかとか、余計なことを考えてしまいがちです。すると、どんどん何が結論なのか、賛成なのか反対なのかわからなくなってきます。

この場で、あなたが伝えたい結論は何か。これをはっきりさせましょう。それが「考える」ということです。


結論を出していくためには、「自分に問いを立ててみる」のがよいと思います。まずはピラミッドの下にある「根拠」を並べて、「だから何？」と問うてみる。そして出てきた「答え」に対して「本当か？」「ファイナルアンサー？」と問うてみましょう。

考えるつもりで悩んでいないか

「考える」というのは、結論を出す行為だと申し上げました。人間の頭はそう賢くはないですから、頭をなんとなく動かしていると、いつまでたっても結論が出ません。

これは「悩んでいる状態」です。仕事をしていると、「これは悩ましい」とか「少し悩んでしまう」という状態になることがあるのではないでしょうか。

ただ「悩む」と「考える」は、明らかに違います。「悩む」は考えが頭の中をぐるぐる回って、結果、無限ループにはまっている状態というイメージです。

「悩んで」いても結論は出てきません。この「無限ループ」を避けるためにも、**機械的に「考える」＝結論を出す習慣をつくるのです。そのために自分に問う。黄金の質問は、「だから何？」「本当か？」「ファイナルアンサー？」です。**

なお、企画を通す場合などにおいて、「こういう企画です」ということと「これは売れます」ということと、どちらが結論なんだ？と思われませんか？

正解は**「これは売れます」**が結論です。

もっといえば、**「これは売れます。だからやりましょう」**が結論です。

結論とは、相手に動いてほしい方向を表したものです。

「こういう企画です」という言葉は、方向を表していません。いいのか悪いのか、好きなのか嫌いなのか、売れるか売れないか、わかりません。

「売れます（だからやりましょう）」には方向があります。売れるか、売れないかという選択肢がある中で、「売れます」と言っています。

プレゼンは相手に「動いてもらう」ために行なうもの。だから、どちらに向かうのか、動いてもらう「方向」を出すのが結論です。

どっちが伝わる？

A

このサービスいいんです！
自分は何もしなくても自動的に更新してくれるし、言えばいつでも来てくれるし、次回更新の時は割引になるし、Tポイントがたまるし、サイトがきれいで見やすいし、お得な情報も送ってくれるし、誕生日の割引もあるし……。

B

このサービスはいいですよ。
手間もなくて、コストも低くて、
サイトも見やすいです。

根拠は3つ
——ピラミッドで「枠組み」を共有しよう

結論を言うからには、根拠（理由）が必ずあります。なぜその結論がいいのか、なぜその施策をやるのか、人に提案する場合は必ず根拠があります。根拠、理由はない、だけどやりたいではプレゼンになりません。人はそれでは納得しません。この結論を主張するのは、こういう根拠があるからだということを、必ず言わねばなりません。

しかし話が長い人は、根拠をたくさん話します。「あれもよくて、これもよくて……」。会話ならいいですが、仕事では、たくさん言うと、かえって印象に残らなくなります。「あぁなんかたくさん言ってたね」という感じです。

とはいえ根拠が1つしかないと心許ない気がします。なぜなら、1つだと論破されたり、反対されたら終わってしまうからです。たとえば、みんなでランチに行く時。

「あの店に行こう。美味しいから！」だけですと「いやいや、美味しい店はほかにもあるよ」となってしまいます。「美味しくて、安くて、雰囲気もいいから、あの店に行こうよ」と言えば、「それだけ言うなら、行ってみようか」となる可能性が高まるわけです。

これはランチの話ですが、仕事でも同じで、根拠が1つだと、やっぱり説得力が弱くなることが多い。考え抜いた根拠は、複数あったほうがよいのです。

目安はオーソドックスですが、３つでしょう。

多くのコンサルタント的な方が「理由は３つあります」と言って話すことが多いですし、私たちは三次元の世界に生きているので、「縦・横・高さ」など「３軸」はイメージしやすいのです。かつ「ホップ・ステップ・ジャンプ」など、３つ並べると覚えやすいですし、リズミカルに受けとってもらえるので、私も「理由は３つくらい言う」と決めて、考えるようにしています。

仕事では、結論がなく人に何かを伝えるということはありません。そして、結論を導き出した理由が重要なのです。ですから、結論と根拠をしっかり述べましょう、ということです。この形が「1分で伝える」の基本形です。

これを絵に描いてみると、次ページのようになります。たとえば「私は田中さんと仕事がしたい」という結論があって、理由が3つあります、1つめは方針がわかりやすい、2つめは私たちを守ってくれる、3つめはお茶目で楽しい、と。こんな形で表現するといいでしょう。

何かを伝える場合、それが5分でも30分でも1時間話すような内容であっても、このピラミッドを使って、一番大事な結論はこうで、その理由は3点あってこうです、と整理してみましょう。

このピラミッドがしっかりとできていれば、その通り人に話せばいいのです。「**私の主張はこうです。理由は3点あって、1点めはこう、2点めはこう、3点めはこうです**」という感じです。

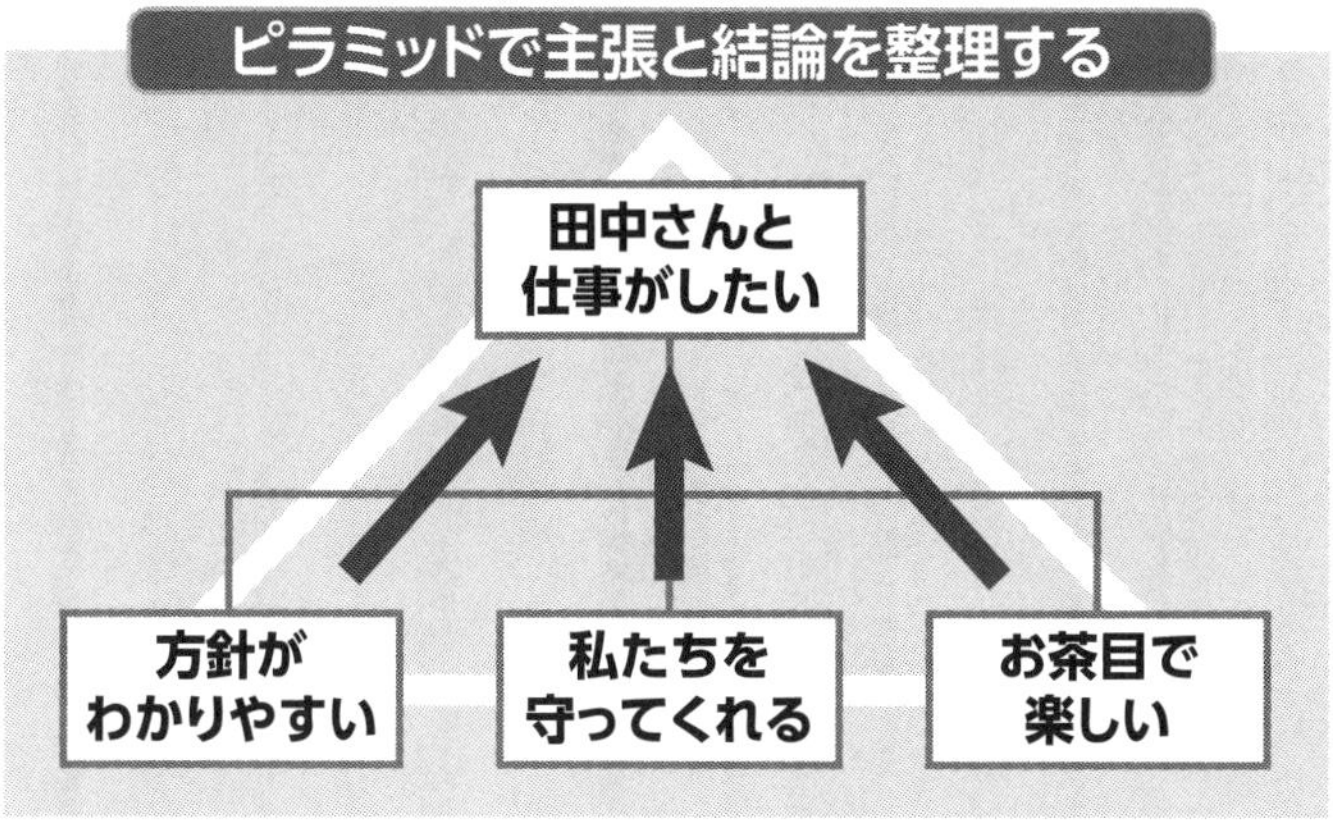

実際、私がこのように、ピラミッドストラクチャーを意識してストーリーをつくってから伝えるようになって、明らかに相手の反応が変わったところがあります。以前は、なんとなく、理由をだらだらと伝えていたのです。そうすると、聞いている方も、なんとなく聞いているわけです。

ところが、ピラミッドの通り話すと、相手も「聞こう」という体勢になります。

たとえば、講演なら、**「理由は3点あります」と、指を3本出して伝えた瞬間、聞いている人たちは、手元を動かし、ノートにメモを始めるのです。**これ、ぜひ皆さん、試してみてください。驚くほど、聞き手は、

「3点あります」に反応します。

これは、びっくりでした。何回やっても、そうなのです。「3点あります」と言った瞬間に、おそらく、みんな、ノートに、

「理由
1.
2.
3.
」

と書き始めるんだと思います。

これは、私にとっては、大発見でした。そうか、聞いている人にとっては、こうやって、頭の中に枠組みをつくることができれば、この枠組みに、内容を埋めていけるわけかと。これで、自分の話をよりしっかりと理解していただけるんだ、ということがわかりました。

つまりプレゼンというのは、自分が伝えたいことを「伝えていく」行為ではなく、

「相手の頭の中に、自分が伝えたいことの骨組みや中身を、『移植していく』作業」

なのです。ピラミッドそのものは見せなくても、

「ああ、結論はこうなのだな」

「そしてそこに根拠が3点あって、それぞれこういうことなのだな」

と自分の頭の中にその骨組みをつくり、それを伝えていけばいいのです。

どっちが伝わる？

A

私はこの会社が好きです。業績がいいから。

B
私はこの会社が好きです。給料が高いから。

意味がつながっていれば「ロジカル」

——1分で誤解なく伝える

これまで、結論をはっきりとさせ、そこに3つくらいの根拠をつなげ、それをピラミッドストラクチャーで表現してみよう、ということをやりました。とりあえずここまでできれば「1分」で話せるようにはなります。

でも、短くすれば必ず伝わるというものではありません。大事なのは、このピラミッドを、「ロジカル」に作る必要があるということです。では、「ロジカル」というのはどういうことでしょうか。

私は、元来、ロジカルさのかけらもない人間でした。熱い思いのようなものはあるのですが、そこがうまく表現できない。頭の中に思いついた言葉を、骨組みなどを意識せず、ぽんぽんと出してしまう。結果、言葉と言葉につながりがないし、ストーリーにもなっていない。1対1で雑談的に話したり、相手が質問してくれれば、なんとかなるのですが、大勢の人の前で何かを説明しようとすると、言葉が出てこない。しどろもどろになる。

おそらくこれは、いわゆる「論理思考力」が足りないのではないかと、論理思考、ロジカルシンキングに関する本を読みあさり、自分なりに結論を得ました。

そこでわかったのが、ひとまず、**「意味がつながっていればロジカル」**なんです。

もちろん、ほかの要素も色々あるでしょう。しかし、まず意味がつながっていればOK。賛成か反対かはあるが、意味がつながっていたら、人は話を理解できる。これが大事なんだな、と学びました。

先ほど考えた「結論と根拠」は、「意味がつながっている」必要があります。当たり前といえば当たり前です。次の例で考えてみましょう。

「雨が降りそうだから、傘を持っていく」

なら意味がつながっています。

「雨が降りそうだから、外出しない」

これもわかりますね。ではこれはどうでしょうか。


「雨が降りそうだから、キャンディーをなめよう」

どうでしょう。これだけですと、意味不明です。

本人には、理由があるかもしれません。雨が降りそうな時に、キャンディーをなめていたら、たまたま雨に降られずに済んだことが連続した。だから、雨に降られたくないという願掛けで、キャンディーをなめるのだ、ということかもしれません。または、雨が降ると気圧の感覚がおかしくなり、耳がツーンとなる。それを避けるために、キャンディーをなめるのかもしれません。


いずれにせよ、「主張と根拠を言う時、聞いている人にとって、意味がつながっているとすぐにわかるようにする」ことが大事です。この、「主張と根拠の意味がつながっている」のが、ロジカルということです。「意味がつながっているかどうか」は、時代や、国、属するコミュニティによって変わってきます。上の例でいえば、普通は意味がつながらないとしても、仮に雨が降りそうな時にキャンディーをなめる、ということを習慣にしている社会、コミュニティがあれば（きっとないとは思いますが）、「意味がつながっている」と判断されるわけです。

意味がつながるかということを、例で考えてみましょう。たとえば、「僕は、自分が勤めている会社が大好きだ」という主張があったとします。なんで？と理由を3つ考えてみると、どうでしょう。あなたも考えてみてください。

そこで、①働きやすい、②一緒に働いている人たちが素敵、③会社の業績がいい、と挙げたとします。

「働きやすい職場だから」。意味が通じますね。「一緒に働いている人たちが素敵だから」これも通じますね。では、「会社の業績がいいから」とするとどうでしょう。ここが微妙なところかもしれません。「働きやすいから、この会社が大好きだ」「一緒に働いている人たちが素敵だから、この会社が大好きだ」というのは、意味が通じます。

でも、「会社の業績がいいから、この会社が大好きだ」というのは、意味が通じるようで、改めて考えてみると、よくわかりません。なんで「会社の業績がいい」のと「自分がこの会社が好きである」ということがつながっているのでしょうか。他の2つの理由は、自分にとってのメリットが明確です。でも「会社の業績がいい」ということは、どうして自分にとってのメリットになるのか、これだけ読んでもよくわかりません。

これが、意味が通じるかどうかの分岐点です。

こういう場合は、**「ロジックが隠れている」**ことが多いのです。たとえば、「会社の業績がいい」から、「給料、待遇が安定している」。したがって「この会社が好きである」ということでしたら、意味はつながります。または、「会社の業績がいい」から、「給料がどんどん上がっていく」から、「この会社が好きである」ということかもしれません。この部分が隠れていても、聞いている側は、なんとなく「会社の業績がいいから、この会社が大好きだ」ということに対し「うんうん、そうだね、わかる」と勝手に、何で好きなのかという部分を自分で補足して、なんとなく意味を解釈してしまいます。で、結果として、話が伝わるようで伝わらない。

こういうことがあるので、「～だから、～だ」と言ってみて、他の人に聞いてもらい、「本当に意味が通じるか?」とチェックすることが大事なのです。

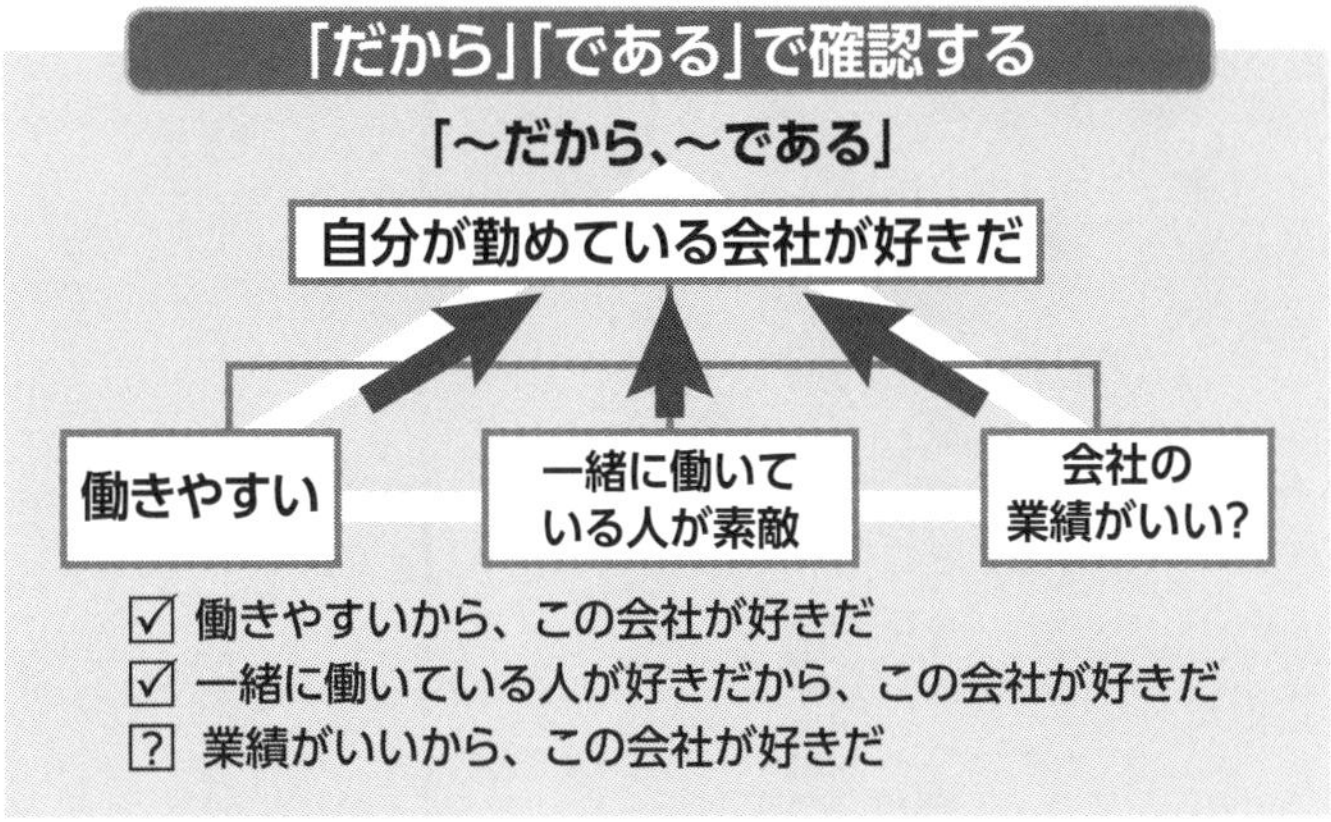

意味が通じるかどうかは、聞き手が決めることです。話すあなただけが理解できるのではダメで、聞き手がそう判断できるかどうかが大事です。話し手は、あらかじめ聞き手がどう受け取るかを想像し、「意味がつながっている」と聞き手が判断するように、主張と根拠を考える必要があります。

なお、意味がつながっているかどうかは、声に出して読んでみるとよいでしょう。できれば自分でチェックするだけでなく、周囲に聞いてみるなりして確認してみましょう。

A

基本的には、先に述べたように、「スッキリ、カンタン」の観点で、「削る」ことを念頭にブラッシュアップしていきます。

B

「スッキリ、カンタン」に「削る」べく、磨いていきます。

「基本的に」は不要
――いらない言葉をいかに削るか

プレゼンでも資料でも「長い」とか「文字が多い」と言われた経験はないでしょうか？
みんな、「文字が多いのはわかっている。でも、どれも必要な気がして削れないので、そのまま出す」という方が多いです。

まず、最初に組んだロジックに合うものは残して、そうでないものはカットしていきます。しかし、それでも長くなってしまうこともあります。
私も、いつも悩みながら削っているのですが、最後にどのように言葉を短くしているのか、具体例を用いて紹介してみましょう。

たとえば、次の文章、

「基本的には、先に述べたように、『スッキリ、カンタン』の観点で、『削る』ことを念頭にブラッシュアップしていきます」を削っていきましょう。

・「基本的には」　↓不要
万一できなかった時のことや例外を考えて、「基本的には」と言うのでしょうが、基本でない場合のことを述べないのであれば、そもそも不要です。

・「先に述べたように」　↓話をする際には不要
文章の場合には入れることは多いですが、話す時には不要です。

・「の観点で」「を念頭に」といった言葉
「観点で」も「念頭に」も、正確に伝えようとしてこういう言葉を使いたくなるのですが、なくて通じる場合はどんどん削っていきましょう。

スッキリ・カンタンの観点で　↓　スッキリ・カンタンに

削ることを念頭に　→　削るべく

などと、シンプルにしたほうが伝わりやすいでしょう。

これで、

「『スッキリ、カンタン』に『削る』べく、ブラッシュアップしていきます」

となりました。

・カンタンな言葉を使う

さらに、もう一歩進め、よりカンタンな言葉を使います。

一般的にカタカナや漢字よりも、ひらがなの日本の言葉のほうが、わかりやすい傾向があります。そこで、

「ブラッシュアップしていきます」　→　「磨いていきます」

とすると、

「『スッキリ、カンタン』に『削る』べく、磨いていきます」

となって、より誰にでもわかりやすくなります。

言葉を削るというのは、こういうことをひたすら繰り返す作業です。

最終的には、気合と根性の世界です。途中であまり削りたくなくなりますが、それでも削っていくのです。

なぜか。

たくさん話したくなるのは、調べたこと、考えたことを全部伝えたい！、「頑張った！」と思ってほしいという話し手のエゴです。

でも、聞き手は、必要最低限の情報しか、ほしくないのです。特に口頭で話をされた時は、理解できなくなります。だとしたら、ここは心を鬼にして、気合と根性で、ひたすら「スッキリ、カンタンにしていく」べきなのです。

だからこそ、私も自分に「もっとスッキリ、カンタンにできないか？」と問いを立てる、ことを繰り返します。結局、それに尽きるのです。

頑張ったことは話すな！

――話が伝わらなくなる4つの話

さて、ここでは、私が様々な人の話を聞いていて、「これを言っちゃうから長くなるんだよね」ということをまとめます。

「プロセス」を話す

× 私は今年と昨年の資料を検討したのですが、それだけでは足りないと思い、10年間分の資料を前任の山田さんからもらって調査した結果、全体としてはA案を押していくべきではないかと思いました。

○ A案を押していくべきだと考えます。

報告するにせよ、提案するにせよ、私たちはつい「自分が頑張ったこと」を話し始めます。でも、それは、相手が聞きたいことでしょうか？

たとえ内心、「2年くらいのデータを見ても正しいことはわからない。信憑性を高めるために言うんだ」と思っていても、色々話すとかえって伝わりません。

あなたは頑張ったことを認めてもらいたいかもしれませんが、多くの場合、相手は、すぐにあなたの結論を聞いて判断したいと思っています。特に会社で上司に説明する際などによく見られますので注意してください。

気を遣いすぎる

×　そうですね。Aさんのプランもよかったですね。資料もわかりやすく、説明も丁寧でしたし。でも、Bさんのプランはよくてですね……。
○　Bさんのプランでいきたいと思います。Aさんのこの部分はよかったけど、Bさんはこの部分が優れていました。

会議への参加者一人ひとりに気を遣いすぎて、発言しても、結局何が言いたいのかわからない人もいます。後で説明しますが、ビジネスパーソンにとって、ポジションを明確にすることは大事なのです。そうでないと頼りなく思われてしまいます。

自分の意見とは違うことを言う

× **私はA案を押していますが、実はA案にはこんな欠点もあって、その分はB案のほうが優れています。その点、A案は心配もあるのですが……、でもそれを覆せる強みもあると思うんです。**

○ **私はA案に賛成です。**

人がいいのか、自分の意見のマイナス面を並べてしまう人もいます。確かに物事にはプラスとマイナスがあり、マイナス面もわかっているうえで進めたいんですと言いたいのでしょうが、実は伝わっていません。

しっかりと主張を述べたうえで、必要に応じ、最後に「懸念点としては……」と対応策とともに説明するのがよいでしょう。

笑いを入れる

× **この提案ですが、おおむね評判がよくて、うちの大家さんもいいって言ってくれたんですよ。**

○ **この提案をお勧めしたい理由は、これとこれとこの部分です。**

たまに間違った方がいるのですが、特にプレゼンの場では、笑いはいりません。

ビジネスで「おもしろい」のは、ロジックです。

相手は、あなたのロジックを聞きにきているのです。

たまに静かだからと笑いを入れてうまくまとめる人もいますが、大抵は、しらけて終わりです。

A

Aさんと仕事がしたい！

B

もし異動したらAさんと仕事がしたい。
（異動しなかったら今のままでいい）

通じないときは、前提を揃えておく

もう1つ、「短くてもわかる」ための方法を紹介しておきましょう。

長く話をする人の中には、相手に伝わらないことを恐れて話し過ぎる人もいるでしょう。確かにいくら話してもかみ合わない時はありますね。

そんな時、大抵の場合、前提がずれているのです。1分で話す時も、相手との間で、ピラミッドが成立する前提を揃えておく必要があるのです。

では、どんな前提を意識すればいいかというと、

- **こんな事例において**
- **今の時代において**
- **このコミュニティで**

といったことです。

たとえば、「あの人と仕事がしたい」と言っても、実はほかにも仕事をしたい人はいるかもしれませんし、「この仕事では一緒に仕事がしたいけれど、こういう形では仕事をしたくない」などの考えもあるかもしれません。それなのに相手が勘違いして受けとめて、望まないシチュエーションを振られることだってあるかもしれません。

そうならないためにも、「もし、自分があの部署に異動したら」などの前提が必要になります。

「ロジカルに考えたストーリー」にするには、これまで説明してきたピラミッドをしっかり作れれば、「1分で伝わる内容を形にする」ことの半分は完了です。

- **前提を聞き手と共有する**
- **主張（結論）を明確にする**
- **主張を説明する根拠を複数用意する（できれば、3つくらい）**
- **意味がつながっているか、「〜だから、〜だ」と読んでみて、チェックする**

ができていれば、かなりの説得力を持ちます。

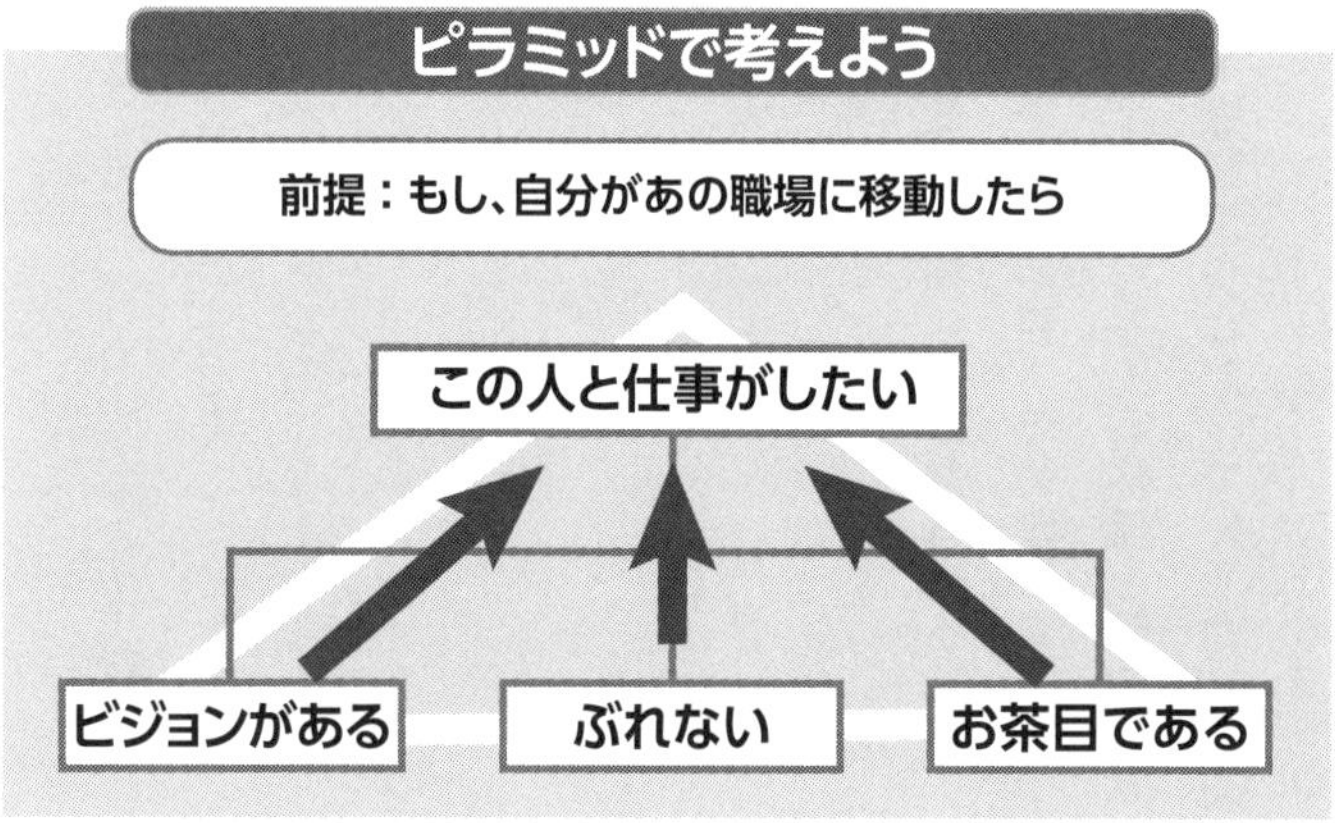

慣れたら、すぐに作れるようになりますから、今日から「ピラミッドで、ロジカルにストーリーを考える」ことを始めましょう。

第3章

STEP3

相手を迷子にさせないために「スッキリ・カンタン」でいこう

集中して聞いてもらうための「スッキリ・カンタン」

人に何かをプレゼンする時・伝えたい時は、まず何より、話を聞いてもらう必要があります。相手を動かすのは、その先のことです。話をしっかりと最後まで聞いてもらわなければ、動かすも何もありません。

聞いてもらうためには、こちらに注目してもらう必要があります。そのためにどうするか。

一瞬だけ注目してもらうだけでしたらカンタンです。たとえば、めちゃくちゃ大きな声で、アントニオ猪木さんみたいに、

「元気ですかー！？」

と叫べば、大抵の人は、こちらを向いてくれます。

私は前職で、お客様に集まっていただいてセミナーを開催して、ＩＴが今後どうなるかということをよく話していました。その時に、

「インターネットを使う端末は、ＰＣからスマホに確実にシフトしていきます。まず何より扱いやすいんです。ＰＣは屋外で使うのは難しいですが、スマホだったら電車で立っている時にでも使える。そして、丈夫だから落としても壊れないんです！」

と言って、よくスマホをその場で投げていました。そうすると、聞いている方は、びっくりしてこちらを見るわけです。

（実際には、壊れるかどうか、ヒヤヒヤしながら投げていましたが　笑）

そのような形で、相手が何かびっくりするようなことをすれば、一瞬、相手はこちらを見てくれます。ただ、そうやって一瞬だけ注目を集めてもだめで、たとえばプレゼン時間が５分なら５分、30分なら30分、聞き手にこちらの話を聞き続けてもらう必要があるわけです。ですから、大事なのは、「一瞬だけ注目を集める」のではなく、**「プ**

レゼンしている間、集中力をこちらに向け続けてもらう」ということです。

話を聞いてぼーっとしてしまう時

皆さんも、自分が誰かのプレゼンの聞き手だった時のことを想像してみてください。プレゼンターが、何を言っているか理解できない説明をしたら、どうしますか。まずは一生懸命、この人は何を言いたいんだろうと集中しながら考えるでしょう。

しかし、あなたがその「難しい箇所」にこだわって考えているうちに、話は先に進んでいきます。「あぁ、つまりあの人は、こういうことが言いたいのだろうか？」と気づいた時には、もう、プレゼン自体は先にいってしまっていて、さらによくわからなくなっている……という経験はお持ちではないでしょうか。

こうなると、もう、話を紐解きながら理解することもできなくなるので、「もう、いいや」となってしまい、プレゼンターの声が子守歌になっていく。

一瞬でも聞き手が「迷子」になってしまうと、プレゼンが台無しになる可能性があるのです。

これは短い話でも同じです。わからない言葉が2〜3個出てきたら、相手の脳はシャットダウンしてしまうかもしれません。

こうならないためにどうするか。

「スッキリ・カンタンでいこう」

を心がけてみましょう。

「スッキリ・カンタン」にするのは、資料作りやストーリー展開、聞き手に伝える時の言葉遣い、すべてにおいてです。スッキリ、カンタンでないと、聞き手は途中で、プレゼンターが何を言っているかわからなくなり、迷子になるのです。そして迷子になると、戻ってくるのが大変です。

「スッキリ・カンタン」にする方法を紹介していきましょう。

どっちが
伝わる?

A

1956	6.8	90077
1957	8.1	
1958	6.6	
1959	11.2	94320
1960	12	
1961	11.7	
1968	12.4	
1969	12	
1970	8.2	
1971	5	
1972	9.1	117060

B

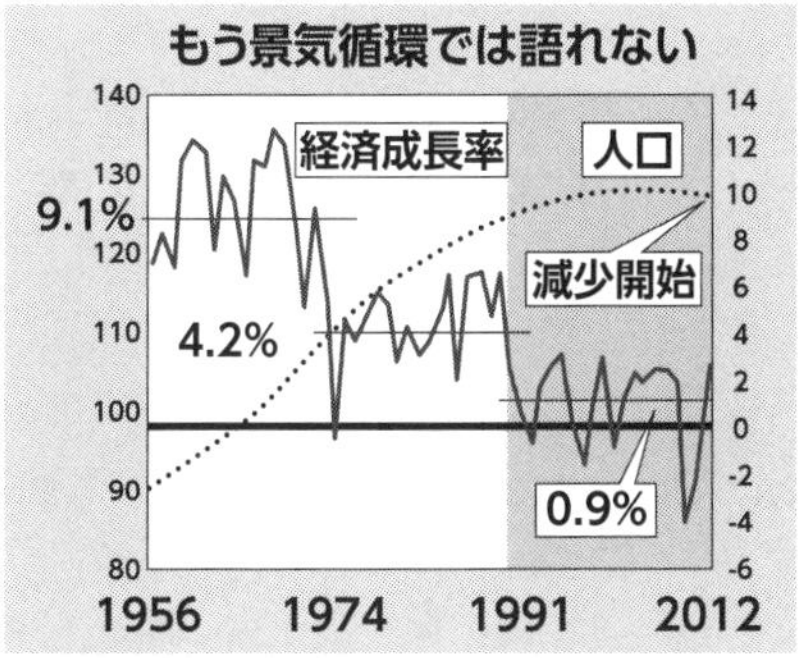
もう景気循環では語れない
経済成長率
人口
9.1%
4.2%
減少開始
0.9%
140
130
120
110
100
90
80
14
12
10
8
6
4
2
0
-2
-4
-6
1956
1974
1991
2012

言葉もスライドも「スッキリ」が鉄則

スッキリ、というのは、使うスライドや、話す言葉、両方についていえます。言い換えると、「使う文字・言葉を少なくし、文章をややこしくしない」ということです。そして、プレゼンで話す言葉は特に、「短く、言いきる」ことを心がけましょう。

私たちは、何か熱量を持って伝えようとする時、ついつい、多くの言葉を使おうとします。ただ、聞き手が集中して聞いてくれていなければ、多くの言葉を使うと逆にノイズになってしまいます。

また一方で、主張に自信がない時も、「それは違う」と言われたくないために、つい多くの言葉で煙に巻こうとしてしまいます。それこそ、相手に「何を言っているのかわからない」と言われるはめになります。

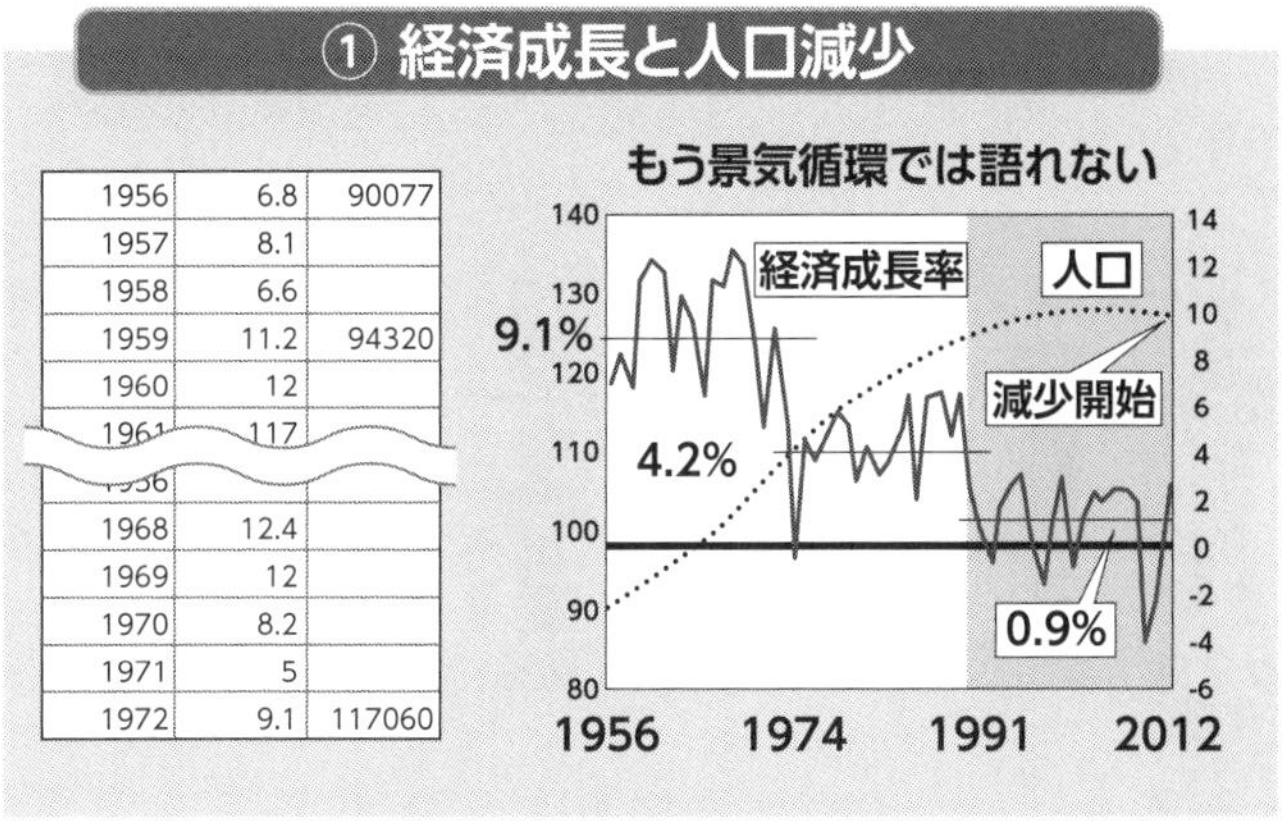

皆さんが思うほど、我々は賢くないのです。コンピューターであれば情報を次々にインプットしても何ら問題がありませんが、私たちの脳は、そんなにすぐに大量の情報を処理できるわけではありません。

ですから、まずはスッキリ、つまり文章は短く、言葉は少なくするのが鉄則です。

今まで、文章のスッキリは紹介してきたので、ここではスライドのスッキリについてお話しします。

グラフにするのは基本

上図右のグラフは、私が実際にプレゼン

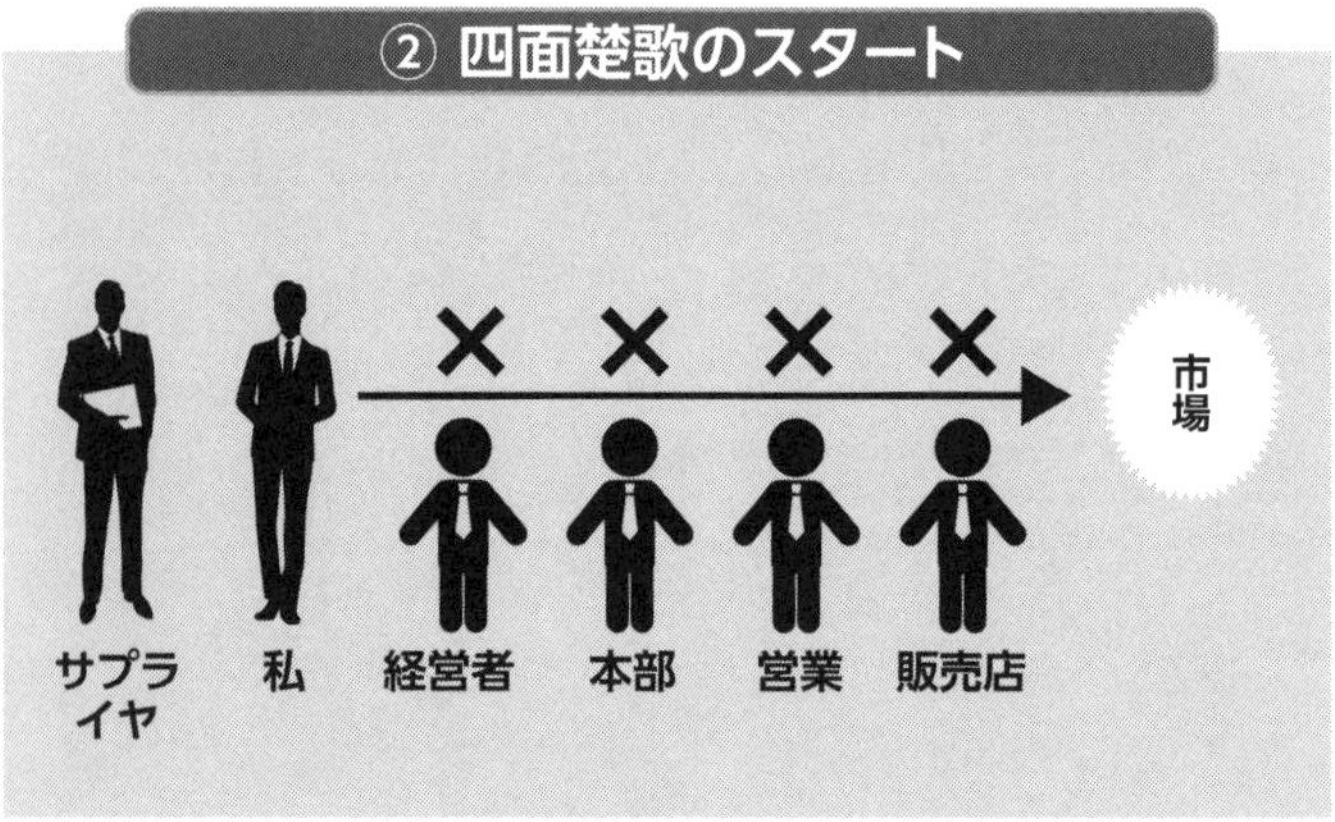

などで使う、国内の経済成長率と人口の推移を表したグラフです。左と見比べてみてください。全然違いますよね。

プレゼンに使用するときには、私は、エクセルで作成したグラフを、必ず加工します。たとえば、目盛、罫線、グラフの太さなどなど。相手にとって見やすく、そして相手にとって必要な情報だけを強調して表示するようにしています。

状況を「位置」に込める

②は、誰の賛成も得られない、ゼロからのスタート、ということを伝えるためのスライドです。

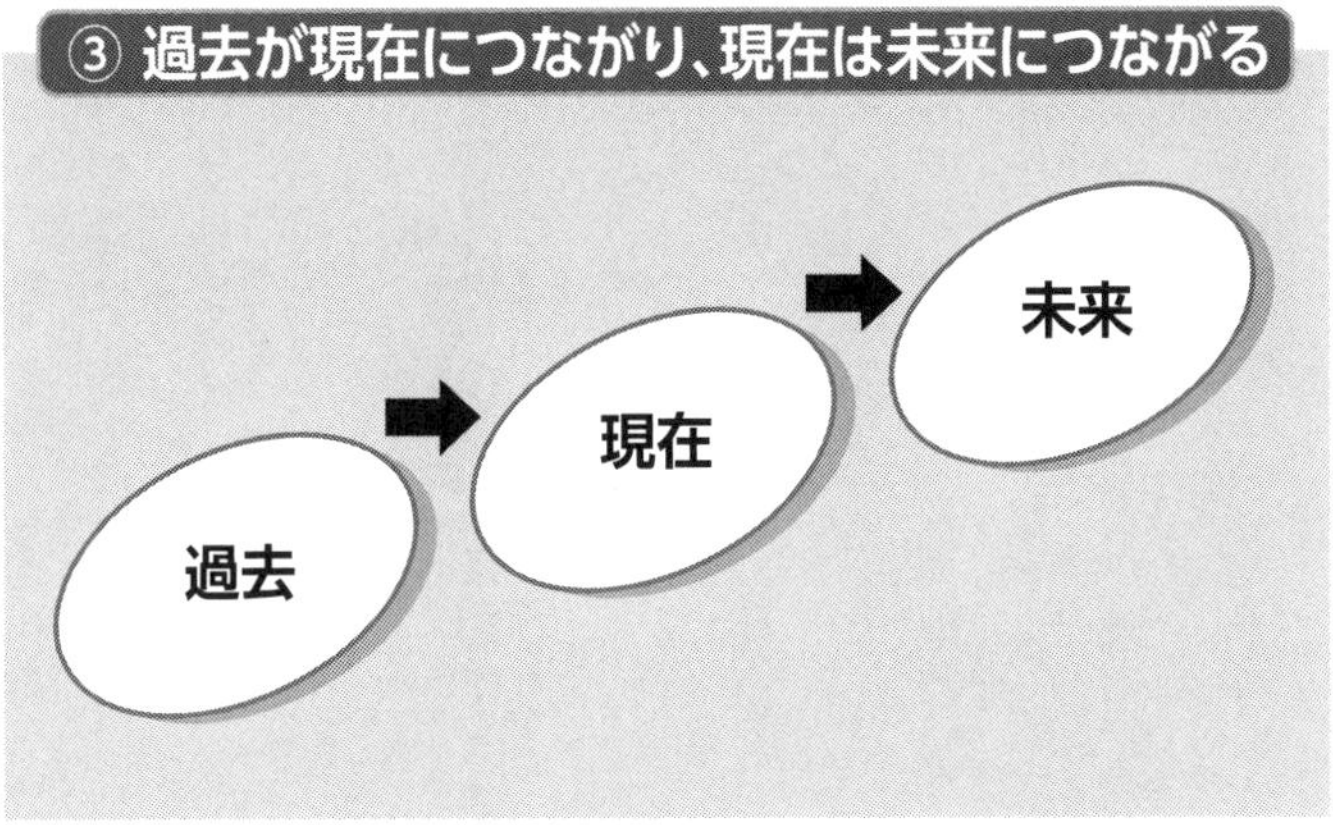

だから、関係者を並べ、その上に×印をつけて「私以外はみんな反対」であることを強調しています。で、マーケットからの距離の近さに応じて関係者を並べることで、各関係者がどんな位置づけかを表現しています。「位置」は雄弁なのです。

もう1つご紹介します。③の図を見てください。

このような図を表現する際は、時間軸は、左から右に新しくなっていくのが基本です。なぜならば、文章も左から右に読んでいくし、グラフなどにおいて、横軸の値は左から右になるにつれ大きくなっていくからです。

そして、過去↓現在↓未来は、水平に並べるのではなく、徐々に右上に向かっています。これは、水平に並べてもいいのですが、縦に上がっていくことで「成長していく」イメージを表現しています。単に図表を何も考えずに載せるのではなく、すべてに意味を持たせることが大事です。

スライドは「読まずに頭に入る」ことを目指す

スライドに使う言葉の量を少なくするためには、**プレゼンに使う部屋の最後尾から見て、「読まずにすっと」言葉が入ってくるか、**ということを試してみるといいでしょう。

プレゼンの本番に使う部屋そのものでなくても、うちの会社でいえばこのくらいかなぁとか、近い場所はあると思います。その部屋でプロジェクターで資料を投影して、最後列から眺めてみたら、読みやすいフォントのサイズがどのくらいか、すぐにわかると思います。

私自身は、プレゼンを行なう時には、聞き手の人数がどのくらいかを確認したうえで、使うフォントサイズを変えます。たとえば50名程度に話をする場合には、最低のサイズは32ポイント、１００人以上に話をする際には、最低54ポイント以上のサイズで資料を作成するのを原則にしています。これはあくまで私のルールで、32とか54という数字が鉄則ですよ、ということを言うつもりはありませんが、皆さんも、聞き手の数や理解度によって、字の大きさは変えたほうがよいでしょう。字の大きさを変えれば、1度に書ける文字の数も決まってきますので、「スッキリ」も実現しやすいです。

資料を紙で渡して、1対1や、少人数で説明する際にはこの限りではありませんが、その場合でも、字が多くて読むのが大変な資料を渡すと、相手は資料を読むのに集中してしまいますから、必然的に、あなたの説明を聞かなくなります。話を聞いてもらうためには、資料の文字は少なく、「すっと」頭に入るようなものがよいのです。

どっちが
伝わる？

A

ラグジュアリーな素材を使用した商品は、弊社のコアコンピタンスでして……

B

よりすぐった高級素材を使用した商品が、弊社の強みです。

カンタン
――中学生が理解できるレベルの言葉しか使わない

プレゼンに使う言葉、文章はスッキリしているだけでは当然ダメで、わかりやすくなければ、聞き手に理解してもらえません。だから使う文章・言葉は「カンタンにしよう」ということです。これは、テレビ局のとあるニュース番組のディレクターとのやりとりから、ヒントをいただきました。

以前、私がそのニュース番組で取材を受けたことがありました。自社で取り扱っていた製品が紹介されるということで、私はその製品の特徴を説明しました。

ポイントを説明している中で、

「ラグジュアリーを追求した……」

と言ったところで、ディレクターに、

「伊藤さん、その言葉、もう少しわかりやすく言い換えていただけますか」

と言われ、カンタンな言葉に言い換えて説明することになりました。

取材を終えた後に、ディレクターの方から、

「伊藤さん、私たちは**中学生でもわかるレベルの言葉でニュースを作っている**のです」

と言われ、へぇ、とびっくりしました。なぜなら、そのニュース番組はビジネスパーソンしか見ないような番組なのです。

彼が言うには、「大人でも、少し難しい言葉を使うと、すぐに迷子になってしまうのです。迷子になってしまうと、テレビの場合、すぐにチャンネルを変えられてしまうのです。だから私たちは、専門用語以外は、可能な限り中学生でもわかる言葉を使って番組を作り、『絶対に迷子にならない』ようにするんです」ということでした。

それ以来私はこのディレクターのアドバイスをプレゼンにも適用し、「中学生でもわかる」言葉遣いを徹底することにしました。

数年前からこの「スッキリ、カンタン」を徹底しただけで、私のプレゼンに対する評価はいきなり上がり、すっと頭の中に入ってくると言われるようになりました。難しい言葉を使って、「わかる人だけわかればいい」というプレゼンをするのではなく、

広く聞き手に理解してもらいたいのであれば、やはり「スッキリ・カンタン」が重要なのです。

たとえば、社内や業界内だと通じる用語が、対外的には通じません。

たとえば、クリエイティブの世界では、「トンマナ（トーン&マナー）」という言葉は常識でしょうが、他の世界では、必ずしもそうとはいえません。また、インターネット業界では、ＰＶといえば、Page Viewでしょうが、音楽の世界ではPromotion Videoだったりしますし、ファイナンスの世界ではPresent Value（現在価値）のことをいいます。

このように、聞き手がわかるかどうかを想像せずに言葉を使うと、相手に理解されませんし、勘違いされたりします。「聞き手は、その言葉を確実にわかるか？」と、聞き手のことをしっかりと想像しながら言葉を使いましょう。

第 4 章

STEP4

1分でその気になってもらう

右脳を刺激してイメージを想像させよう

正しいことを言うだけでは、人は動かない

前章までのピラミッドストラクチャーができていれば、聞いている人にとって、ストーリーの骨子が圧倒的に理解しやすくなります。人の話を理解する時、皆が必ずしもピラミッドストラクチャーを思い浮かべているわけではないですが、主張（結論）はこう、根拠はこうと想像しやすいほど、当然ながら聞いている人にとってはわかりやすいわけです。わかりやすいので、聞き手は内容を理解してくれます。

では、わかりやすければいいのか。理解できればいいのか。自分が賛成する内容であれば人は動くのか。

それは違います。

もちろん、ロジカルに考えられたストーリーがないと、聞き手は、あなたの言うことを理解できません。しかし、**ロジカルに考えられた正しいことを聞いて理解するだ**

けでは、人は動きません。

それは皆さんが、何か高価なものを買う時のことを考えてみてください。
たとえば、マイホームがほしい。マンションを買おうかなと思ったとします。マンションの販売サイトに行き、ある物件を調べてみたところ、色々な説明がありました。あなたはこれをどんどん読んでいきます。
都心から近く、さらに駅から近くて閑静な住宅街にある。うんうん、いいね。間取りは、夫婦で小さな子ども1人という家族にうってつけのつくりになっている。うんうん、これは住みやすそうだ。そして、値段もちょうどお手頃の価格帯だ。うんうん、これならなんとか出せそうだ——。

でも、これだけでマンションを購入するかということです。すべて条件に合う。だから買う、だけではないものがあるはずです。マンションほどの高価なものでなくとも、自分の条件に合うから買おう……ということだけではなく、何か一歩、えいやと踏み出す何かが必要でしょう。

どっちが
伝わる？

A

駅から3分。公園も近い閑静な住宅街の物件です。

B

木や花の多い公園が近いので、
小さいお子さんがいらしたら、喜びますよ。

人はイメージを想像することで、感情が揺さぶられる

買いたい、買おう、失敗するリスクがゼロではないかもしれないが、それでも踏み出したい、どうしても買いたい、ああ、たまらなくなってきた、買おう！……と思って、私たちは購入の意思を固めていきます。

では、話を理解したあと、「ほしい、ほしい！」と人に思わせるのは何でしょうか。

これがわかれば、プレゼンにおいても、その要素を注入すればいいのです。

ロジカルに考えられたストーリーは理解した。自分も賛成だ。その状態で、あと一歩、「うん、いいねいいいね！」と心を動かすのは何か。

それは、**「頭の中に生まれたイメージ」**です。

先ほどのマンションの例でいえば、
自分自身が、朝、はつらつと自宅から出て、駅に向かうイメージ、
奥さんが子どもと、敷地内にある公園で、笑顔で遊んでいるイメージ、
共通の友達をパーティルームに呼んで、みんなで談笑しているイメージなど。
こうしたイメージが頭の中に生まれてきて、「ああ、このマンション、買いたいな」と思っていきます。

このイメージは、どのように聞き手に生まれてくるのか。

まずは、ちゃんとロジカルに事実を認識してもらう必要があります。聞き手が、「つまり、駅からマンションへの道のりはこんな感じか」「敷地の中の公園は自由に遊べるんだ」「部屋はこんな間取りか」「パーティルームはこういうつくりなのだね」ということを認識したうえで、**そこに自分をあてはめて考えるようになるかどうか**です。

そこができれば、もうあとは、聞き手の頭の中でどんどん想像が膨らんでいきます。

伝える側は、その想像が広がるのをサポートすればいいのです。

では、どうしたら自分にあてはめて考えてもらえるか。

それには、2つのアプローチがあります。1つは、聞き手の頭の中に、ビジュアルなイメージを直接的に描いてもらうアプローチ。もう1つは、そこに、聞き手をあてはめていく、聞き手にそのイメージの中に入っていってもらうアプローチです。

では、それぞれについて説明していきましょう。

2つのアプローチ
① 聞き手の頭の中にイメージを描いてもらう
② 聞き手にイメージに入ってきてもらう

イメージを描いてもらうために行なう2つのこと

まずは、言葉で理解してもらうだけではなく、イメージを描いてもらう必要があります。こちらも2つの手法があります。

1つめは、当たり前ですが、ビジュアルでイメージしてもらうために、

「ビジュアルを見せる」

ということです。言葉で説明するだけではなく、写真や絵、動画を使えるのであれば、どんどん、使いましょう。

たとえば、「未来都市」について説明しようとします。

左ページ上のように表現するとどうでしょうか。文字ばかりで、全然イメージが湧きません。

これを、絵で説明すると下のようになります。断然、絵で説明したほうがわかりや

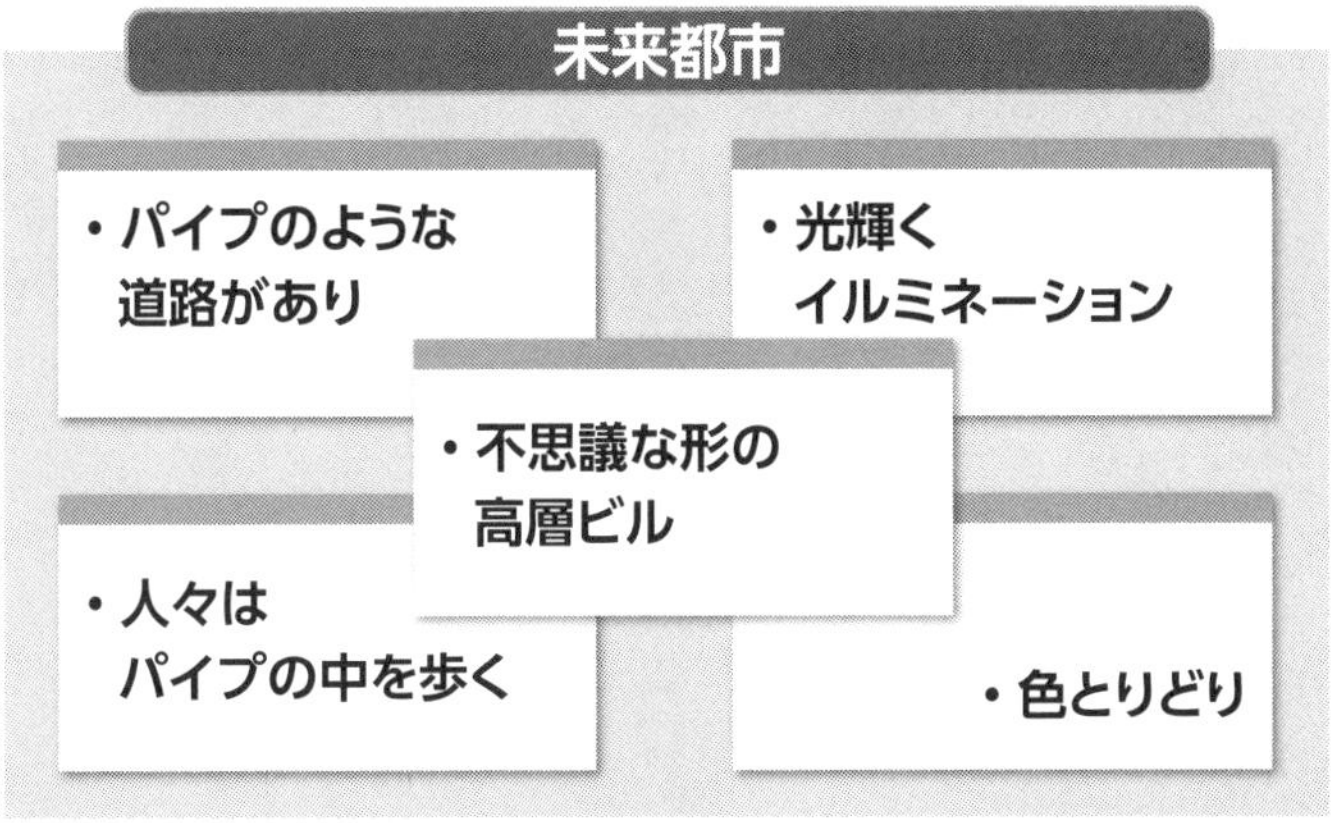
未来都市
・パイプのような
道路があり
・光輝く
イルミネーション
・不思議な形の
高層ビル
・人々は
パイプの中を歩く
・色とりどり

すいですよね。

ですので、写真や絵、動画などで、しっかりと説明しましょう、ということです。

なお、まったく関係ない写真や絵を入れてしまうと、逆にノイズになって理解を妨げるのでやめましょう。あくまで、「このイメージを聞き手に湧かせたい！」と思うことに関する写真・絵・動画を入れましょう。


先ほどのマンションの例でいえば、ちらしやホームページで、そのマンションの外観や施設などのビジュアルがない、ということはありえません。プレゼンにおいても、あなたが理解してほしいと思うことがあれば、さぼらず、資料上に表現しましょう。


もう1つ、ビジュアルで説明できるものがない場合は、言葉で、聞き手にイメージを湧かせる必要があります。これはどうすればよいか。

この時は「**たとえば**」と言って、具体的な事例を示すことです。

第2章の、「私は、自分が勤めている会社が大好きだ」という例で考えてみましょう。

「私は、自分が勤めている会社が大好きです。理由は3つあります。1点めは、働きやすい職場だからです。2点めは、一緒に働いている人たちが素敵だからです。そして3点めは、仕事にやりがいがあるからです」

こうしたプレゼンをするとしましょう。

これだけで、理解はできます。聞いている人が、「話し手は、こういうことを言いたいんだな」という枠組みを作り、理解することができます。

ただ、これでは、どのくらい働きやすいか、そして、働いている人がどのくらい素敵か、よくわからない。イメージが湧かないのです。ですから、聞き手にイメージを湧かせるために、「たとえば、〜です」といって、補足するのです。具体例をあげると、次のような感じです。

1点めは、働きやすい職場だからです。
たとえば、フレックスタイムで自由に働け、また、リモートワークで自宅で働くこともできます。

2点めは、一緒に働いている人たちが素敵だからです。
たとえば、人の足を引っ張るような人は、1人もいません。
3点めは、仕事にやりがいがあるからです。
たとえば、会社は常に新規事業に積極的で、チャレンジする機会に恵まれています。

といった感じになると、かなり具体的になります。もちろん、「たとえば」という言葉を入れるかどうかは文脈次第で、必要であれば入れるし、そうでなければ入れる必要はありません。

結論に対し根拠を3点あげる、しかも短めにとなると、どうしてもその根拠は抽象的になります。そこで、それをもう少し具体的な言葉で説明するわけです。そうすると、聞いている人にはわかりやすくなります。

加えて、聞き手は具体的なイメージが湧きやすくなります。「たとえば」を入れないと、「働きやすい」といっても、具体的にどう働きやすいのかわからない。それが、例を入れると、「ああ、働きやすいというのは、時間とか場所が自由ということだな」とわかるわけです。そうすると聞き手は、相手がフレックスを活用していたり、リモートワークで、オフィスでないところで働いているイメージを、想像するようになります。

ピラミッドは、3段で作ろう
——「結論」→「根拠」→「たとえば」の3段ピラミッド

「たとえば」と言うことで、聞き手にイメージを湧かせることは、たとえ1分で話をする場合であっても、不可欠です。

ですので、第2章でお話ししたピラミッドは、実は2段ではなく、3段で作るとよいのです。

つまり、**2段めで根拠をあげて、3段めで実例をあげる、**ということです。

数としては、2段めの根拠は3つくらいあげるとよいでしょう。3段めは、場合によりけりではありますが、1つか2つでよいと思います。あまりあげすぎると、何がなんだかわからなくなります。

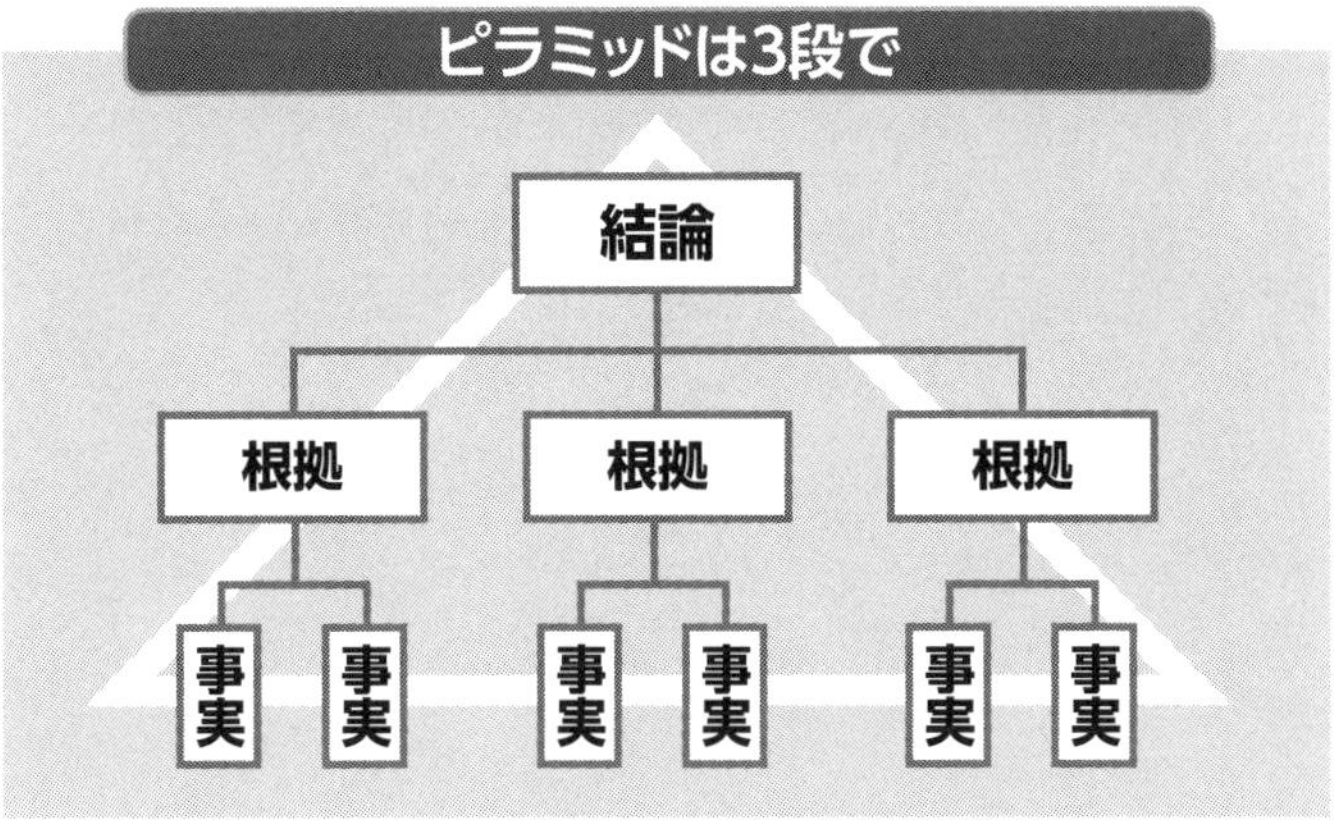

1つか2つにしぼって、とにかく、根拠を具体的に説明するために必要な要素だけをあげるようにします。

論理思考の教科書には必ず載っているピラミッドストラクチャーですが、これを実際に実務で作成している方は、驚くほど少ないようです。

逆にいえば、こんな形でピラミッドストラクチャーを作れば、他の人より説得力があるストーリーを作成することができます。

ですので、あなたも3段のピラミッドを作るようにしてみましょう。

作る時のコツですが、必ず上（結論）から作らなくてはいけないということはありません。下から3段めの事実を、付箋などを使って並べながら全体を考える場合もあります。

いずれにせよ、最後にピラミッドのすべての線において「〜だから、〜である」と読んでみて、意味が通じるかどうかチェックすることが大事です。

そして、意味が通じない場合は、どんどん入れ替えましょう。

私自身もピラミッドストラクチャーを作って、一発で完成したことはありません。必ず入れ替えが発生します。

もともと2段めに入れていたことが、考えてみたら、これは3段めだった、なんて入れ替えも起きます。

イメージを湧かせるために、ピラミッドストラクチャーは3段作る。

話の中で3段目の内容を「たとえば」と入れる。

これを実行しましょう。

どっちが伝わる?

A

静かな波の音が聞こえる作業スペースです。

B

想像してみてください。
静かな波の音が聞こえてくる作業スペースです。

「想像してみてください」

――聞き手に、イメージの中に入り込んできてもらうために

これまで、聞き手に具体的なイメージを湧かせるために必要なことを述べてきました。写真や絵、動画を使えるのであれば、さぼらず使うこと。また、「たとえば」と言って実例を述べること。ピラミッドストラクチャーは3段で作ること。ここまでやると、聞き手は、大分、具体的なイメージが湧くと思います。

あとは、聞き手に、この自分で作ったイメージに入り込んできてもらえればよいのです。

たとえ1分間の話でも、聞き手がイメージの中で自分の想像を膨らませはじめれば、内容は無限大に広がり、あとは放置していても、勝手にどんどん想像していきます。

ではどのように、聞き手に想像を膨らませてもらうか。これは、聞き手の色々な経験を、自分が伝えたいイメージと組み合わせてもらい、想像を膨らませるのです。

そのためには、直接、そのイメージに入ってくれるように、お願いするのが一番です。

具体的には、

「想像してみてください」

「あなたがもしこの世界を経験するとしたらどうでしょう」

と促す。そして、「素晴らしいと思いませんか」と方向感を伝える。

これだけでよいのです。あとは勝手に、聞き手が自分の頭の中で想像を始めてくれるようになります。

たとえば、牛丼の話をするとします。ファストフードとして牛丼がオススメだと。あのチェーンの牛丼屋さんが特に素晴らしい。何せ美味しい。空腹時にあの牛丼を食べたら、幸せな気分になる。そんな感じを聞き手に伝えたい。

とはいえ、その牛丼の美味しさは、いくらロジカルに説明してもわかりません。ですので、想像してもらう。

「想像してみてください。空腹の時に牛丼屋さんに入った時のことを」と言い、写真でも見せてみましょう。


聞き手は、その牛丼を食べた経験がなくても、限られた情報から、

「ご飯が美味しそうで、つい、よだれが出てきてしまった体験」

「空腹の時に、ほかほかのご飯をかきこんだ経験」

「食べ終わって満足しながらお茶を飲んだ経験」

などを思い出し、そこからこの牛丼のことを想像してくれることでしょう。


つまり、その牛丼そのものの話ではなく、相手は**自分の記憶の中にある「その牛丼的な要素」から勝手に、その牛丼のことを想像してくれるわけです。**自分の説明を超えて、想像でイメージを膨らませてくれる。つまり、聞き手にイメージを想像してもらうことで、こちらが伝えていること以上に、説得力を持つことになるのです。

◆
◆

さて、ここまでで1分で伝える方法を説明してきました。

実はここまでで、すでに相手の左脳と右脳を動かしています。


たとえば、吉野家の例で考えてみましょう。

結論は、「吉野家が好き」です。

理由として、「早い」「安い」「うまい」がある。

ここまでが、ピラミッドの2段めですが、これで左脳を動かしています。

そして、次に「早い」の理由をあげます。たとえば、「座ったかどうかのタイミングで店員さんが出してくれる」ということだとします。この「たとえば」の3段めで右脳（イメージ）を動かします。

1つの文章にまとめてみると、こんな感じでしょうか。


吉野家が好きです。

まず、早い。座ったかどうかのタイミングで、店員さんが牛丼を出してくれますね。

次に、安い。今時どこで食べても大抵500円はかかります。

最後に、うまい。想像してみてください。おなかがすいた時に牛丼をかきこんだことを。

だから、僕は吉野家が好きなんです。

これで、1分もかからないでしょう。

でも、「吉野家はおいしいんだな」ということは、伝わってきませんか。

第 5 章

STEP5

1分で動いてもらう

どっちが伝わる?

A

何月何日何時と、指定した日時に確実に届けるサービスです。

B

つまり、きっちり来るから
「キチリクルン」（キーワード）です。

ここまでで、「1分で伝える」内容をどうするかについて述べてきました。

まず、主張と根拠のピラミッドを作りロジックで「左脳」を納得させ、次に写真や絵、動画や「たとえば」という言葉を使ってイメージを想像させて、「右脳」を刺激します。

これにより、聞き手は話を理解し、よりこちらに思いを向けてくれます。

ただし、それでもまだ、不十分です。相手に、自分の目的のために「動いてもらう」ためのひと押しが必要です。この章では、そこをどうするか考えていきましょう。

「超一言」で包み込む

皆さんが、人に何かを伝える時、多くの場合、勘違いしていると思われることがあります。それは、「正しいこと」「聞き手にイメージが湧くこと」を伝えれば、つまり左脳を納得させ右脳を刺激したら、人は勝手に動くという幻想です。

私はこれまでの仕事人生の中で、合計10年くらい、法人営業の仕事をしてきました。取引先に、商品やサービスの説明をし、購入してもらったり、取引をしてもらう仕事です。

当然ながら、しっかりと相手に伝わるようにストーリーを作ります。また、相手に響くように話す練習もします。それでも、最初は結果が出ません。

取引先の方々はしっかりと説明を聞いてくれます。「いい提案だね」と言ってくれます。それでも、最終的になかなか取引に結びつかないのです。

プロセスを振り返ってみると、１度説明して、次にまたお邪魔して次のステップに進むものの、できれば成約に結びつけたいという時に、最初に逆戻りして、いちから説明しなければならないことが多かったのです。

「あれだけ、『素晴らしいね！　いい提案だね！』と言ってくれているのに、何で忘れているんだろう」と思うようなことばかりでした。

でも、そんなものなのです。いくらいい話をして聞き手に喜んでもらったとしても、聞き手がそれを、ずっと覚えているかどうかは、別の話です。

これが冒頭の「人は80%聞いていない」にもつながるのですが、人はそのくらい、聞いた話を覚えていないということなのです。

しかし印象に残るストーリーをしっかりと話し、相手に覚えてもらうための仕掛けを作ることによって、相手にずっと話を覚えてもらうことは可能です。

では、そのためにどうするか。

話のストーリーすべてを覚えてもらうことはあきらめましょう。全体のストーリーは、資料などを見れば思い出せるくらいでよいかと思います。というか、それくらいしか期待できません。

ではどうするか。

「自分の伝えたいことを、一言のキーワードで表す」

そうすることで、その一言に、自分の伝えたい内容を「包み込む」のです。私はそれを、「めちゃくちゃ大事な一言」という意味を込めて「超一言」と言っています。

これを強く感じたのは、2011年、私がソフトバンクアカデミアという、「孫正義の後継者を発掘し育てる」ことを目的とした学校の中で、私が最初に孫さんにプレゼンをした時のことです。

私は、Eコマースの戦略を話しました。

今、Eコマースでは、「明日お届けする」から「今日中にお届けする」というように、どんどん納期が短縮化してきているが、本当は、今日、明日のお届けでなくてもいい商品がたくさんある。しかしそれを「1週間後くらいにお届けする」「10日後くらいにお届けする」と曖昧な期日で伝えると受注率は上がらない。そうではなく「〇月〇日にお届けします」と、きちんと納期を明快にすれば、受注率は上がるはずだ、と提案しました。そして、

「で、これは、きっちりくるから『キチリクルン』というモデルです」

と言いました。

この言葉を孫さんは覚えていて、私の後、15人ほどプレゼンしたのですが、全員のプレゼンが終了した後、「君のキチリクルン、いいねぇ～」と、キチリクルンというキーワードとともに声をかけてくれました。ある意味、ウケを狙って名づけたキーワードだったのですが、人はキーワードで覚えてくれるんだなということを、私はこの瞬間に理解しました。それ以来私は、自分自身のプレゼンに「超一言」のキーワードを入れるようにしました。


この例でもわかるように、「超一言」のキーワードは、自動車の名前のように、カッコいいネーミングにする必要はなく、

「覚えやすく、その一言で、プレゼン全体を表現するようなキーワード」

にできれば最高です。たとえば私のプレゼンでいえば、

「今日くる、明日くる、ではなくて、きっちりくる、だから『キチリクルン』です」ということで、それがプレゼンのテーマそのものだったわけです。孫さんは、私のプレゼン内容を、その「キチリクルン」というキーワードに「包み込んで」認識してく

れました。「キチリクルン」だけ覚えておけば、「そうそう。きっちりくるんだな」と思い出してくれるのです。

「超一言」のキーワードの威力は実に大きいのです。このプレゼンを行なってもう何年もたっていますが、その場にいた聴衆の方々は皆、私がどんなプレゼンをしたか、今でも、「キチリクルン」という言葉とともに、鮮明に覚えてくれています。もし「キチリクルン」がなかったら、おそらく「あの時の伊藤さんのプレゼンはよかったね」くらいの記憶だったと思います。

「超一言」のキーワードを加えるだけで、聞き手は、びっくりするほど、あなたの話を覚えてくれます。

「ライブでダイブ」
——プレゼンもアーティストと同じ

ここまでやれば、大分内容は固まってくると思います。

あとは「デリバリー」、相手にどうやって届けるかです。

話し方だけではありません。姿勢、立ち居振る舞い、意気込み、顔つき、目つき、声の出し方、間のとり方など、すべての要素をフルに活用しながら、聞き手を動かしていくのです。


いくら準備したストーリーがいい内容であったとしても、資料がわかりやすかったとしても、自信がなさそうで、相手の目を見ず、ぼそぼそと話せば、聞き手は、この話を信用していいのだろうかという気になることでしょう。もちろん、聞き手が「この話し手はきっと話が上手ではないから、自分が歩み寄って、足りない言葉は自分の頭で補って理解してあげよう」と思ってくれればいいのですが、それを聞き手に委ねるわけにもいきません。普通に聞いても伝わるように、こちらから「聞き手に自分のエネルギーを注入し、動いてもらう」必要があります。

では、相手に動いてもらうために、どう自分のエネルギーを注入したらよいのでしょう。先ほど述べた「超一言」のキーワードで表現すると、私は「ライブでダイブ」でやっています。

ミュージシャンってライブ（コンサート）やりますよね。あの感じでいきましょうよ！ということです。ミュージシャンはライブで、自分たちの曲やメッセージに合わせた身振り、アクションをするでしょう。**私たちも同じように、自分の伝えたいストーリーやメッセージに合わせて演じましょう**といいたいのです。

彼らは音楽という手段で表現をする。私たちはビジネスという手段で表現をする。手段は違えど、人に何かを表現し、受け止めてもらうということでは同じなのです。

ですから、人前で伝える時にも、ちゃんと表現者として振る舞いましょうということです。

日本では、幼少期より、人前で何かを表現する機会が諸外国に比して相対的に少なく、また、「自分の思いを伝える」ことに気恥ずかしさを覚える人が多いように感じます。もちろんこれは人それぞれで、環境によっても違いはあるでしょうが、いまだに公的な学校教育は、何かを吸収することに力点が置かれているようですし、「表現する」機会が多いようには思えません。

その結果、なるべく表情も変化させず、身振り手振りもせず、淡々と、謙虚に、少々恥ずかしげに話そう、というプレゼンばかりになります。逆に特別なことはわざとらしさを生むからしないほうがいいとさえ考えているのではないかと思えてしまいます。TEDなどでは欧米のビジネスパーソンの素敵な、ドラマティックなプレゼンがたくさんあるのですが、ああいうプレゼンは、私は関係ないのだ……と思っているのではないでしょうか。

もちろん、無表情で、体も動かさずに、抑揚なく話すことが、相手を動かすうえで必要であればそうすればいいのですが、普通は違います。やはり、立ち方、身振り手振り、発声、間合い、視線など、相手に自分の思いが一番刺さるよう、自分ができるすべての要素をフルに活かして、相手にプレゼンを届けたほうがよいと私は考えます。

要は相手が動くために、やれることはすべてやろう、演じたほうがいいことは演じればいいではないかということです。ライブの気持ちで、相手に訴えかけてみましょう。

聞いている人の中に入っていく

では、ライブでダイブの「ダイブ」とは何か。これは、特にプレゼンでの話ですが、「ライブ」から、さらにもう1歩踏み出してみよう、ステージの上で演じるだけじゃなくて、観客席までダイブしちゃいましょうよということです。たとえば、講演などで、演台に手をおいて微動だにせず話をするのと、演台から離れて客席に近づいていくのと、どちらがよいでしょうか。ライブでいえば、観客席にダイブしたほうが観客は喜びますよね。それと同じで、**やはり距離が近づいたほうが、聞き手は親近感が湧**

くのです。

もちろん、実際にステージから客席に飛び込むということが効果的な場合もあれば、それは流石に望まれていない場合もあるでしょう。そういう時でも、精神的には聞き手に飛び込んでいって、距離を縮めようとするほうがよいのです。

ミュージシャンのように演じ、相手の懐に飛び込んでいく。そこに壁をつくらない。声を発するのも、単に言葉を出すのではなく、相手に語りかける。そういうスタンスで臨めるかどうかで、相手の受け取り方はまったく変わってきます。

人前で話す時の4つのポイント

ここで、人前に立って話をする時のポイントを紹介しましょう。

実際には、ケースバイケースで異なることも多いですが、様々な方のプレゼンを見ていて、最低限このくらいは気をつけておきましょうというポイントはあります。こんな簡単なことでも、意識しているとしていないでは、相手からの印象はまったく異なってきます。

①視線：しっかりと聞き手を見る

②手振り：多少、動きをつける

大げさに動くと、聞いている人は、そちらばかり気になり、本末転倒になります。

あくまでさりげなく。

③声：「相手と対話するように」声を届ける

強調するところで大きな声を出し、「ここだけの話」をするなら、こっそりと。

④間合い：話の区切りで、普段より３秒ほど長く、間をとってみる

たとえば、

Ａについて話します。

（３秒間）

次にＢについて話します

という風に話すということです。

大事なのは、これら一つひとつの要素をどうするかではなく、「相手に、自分が伝えたいことがしっかりと伝わり、動いてもらう」ために、必要なことをすべてやるという姿勢です。目的を見失わず、やるべきことをすべてやって、相手を動かしましょう。

この姿勢があれば、1分どころか、一瞬で相手の印象を変えることができます。

「リトルホンダ」をつくる
――いかに「相手の立場」に立って話すか

「伝えよう」とするだけではうまくいきません。もちろん、「伝えたい」ことがあるから伝えるのですが、一方的に「自分がこう思う」ということを伝えても、相手は動きません。

つまり、「自分が相手に伝えたい」という視点（「主観の自分」と呼びます）しか持っていないのであれば、その話を聞いている相手の気持ちが理解できず、結果、相手に伝わらないということです。今、伝えているこの言葉を、相手がどのように理解しているかどうか、どのように感じているかといった視点は、主観の自分は持っていないわけです。

すべきなのは、**「話している自分と相手を俯瞰で見る」**ということです。

具体的には、「話している自分と、聞いている相手のことを客観的に見ているもう一人の自分」を置いて、常に相手は自分に対してどのような印象で受け止めているのかをチェックしてもらい、そのフィードバックを受けて、話し方を変えていくのです。

わかりづらいので、図で説明しますと、①は自分の主観で相手に話しています。

②は、通常いわれるところの「客観的に自分を見て」話すイメージです。

私がよくやっているのは、③の俯瞰で、相手に憑依《ひょうい》するような感じの自分がいます。相手から見て自分がどう映っていて、どんな話をしてほしいのかを感じながら、客観的な自分が自分を見ながら言うべきことを決めています。

とはいっても、イメージがつかない方のために、簡単にできる方法を紹介します。

それは、**実際に「相手の席」に座る**ということです。

具体的には、たとえば人前でプレゼンをする時、大抵リハーサルの時間というのがあります。その際、私はマイクでスクリーンの前に立って話を始める（つまり、本番のような形で練習する）前に、必ず聞き手の席に座るようにしています。

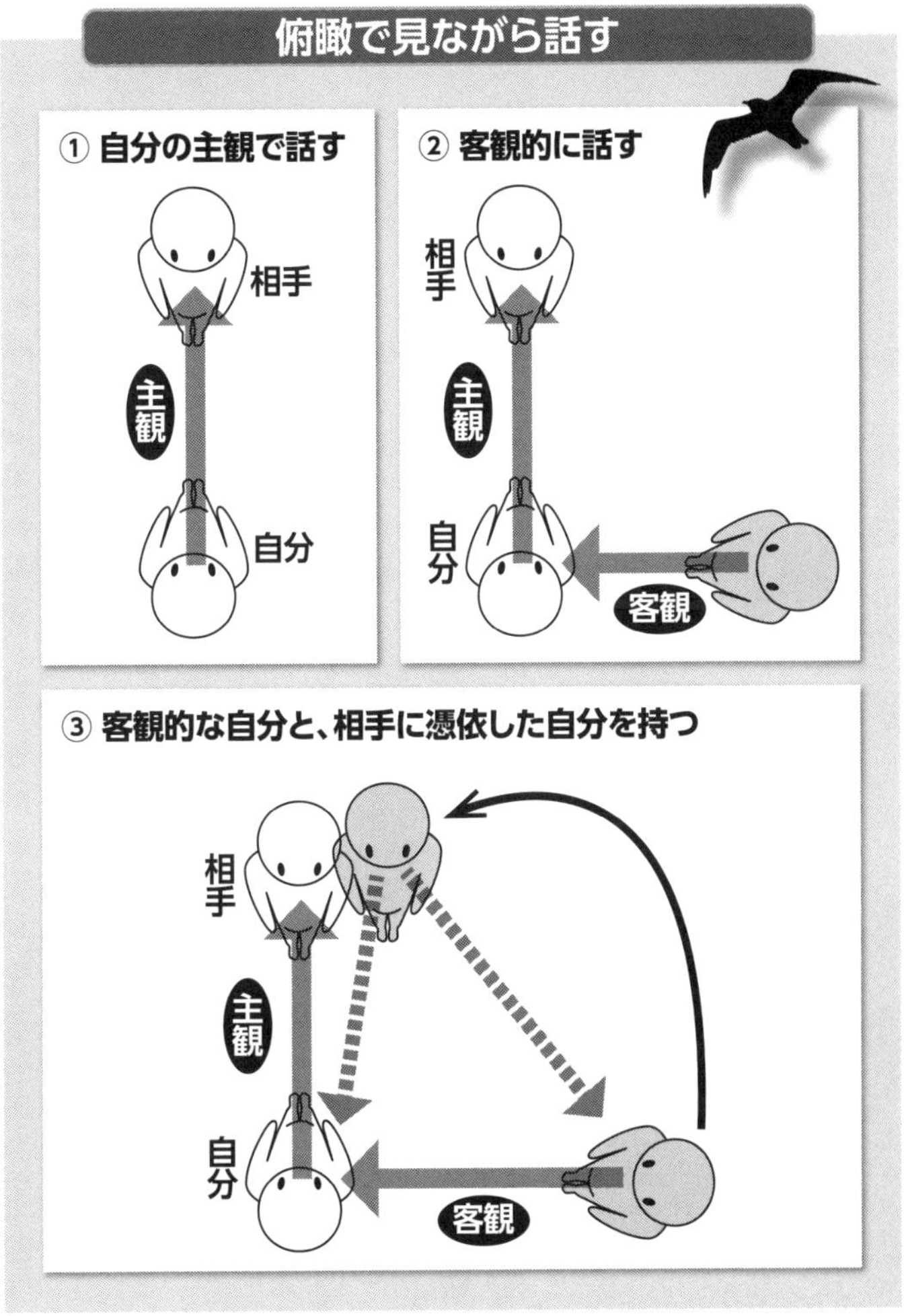
俯瞰で見ながら話す
① 自分の主観で話す
相手
主観
自分
② 客観的に話す
相手
主観
自分
客観
③ 客観的な自分と、相手に憑依した自分を持つ
相手
主観
自分
客観

聞き手の席に座り、聞き手からの視点で、プレゼンター、つまり後で私が立つ場所を見つめる。そこに私がいて話している姿を想像する。そして聞き手は、壇上に立っている私をどんな気持ちで見て、どう感じ、どう話されると「いいね！」と思い、どう話されると聞く気を失うのか、どんな私であるべきなのかということを想像します。ひとしきり想像を終えたら、プレゼンターの場所に立ち、先ほどの想像をした自分の姿を頭の中におきながら、リハーサルをするのです。

そうすることで、伝えている「主観の自分」が、先ほど聞き手の席に座って想像した自分の姿になっているかどうか、なっていないとしたらどこが問題なのかをチェックすることができます。

たとえば、姿勢はいいか、目力はあるか、笑みはあるか、声の大きさは十分か、声に張りはあるか、話している言葉は聞き手が理解できるものか、ストーリーはわかりやすいか、興味をもってもらえるような話か、そんなことについて、先ほど想像した自分と今の自分の違いをチェックする。その視点がまさに「客観の自分」なのです。

サッカーの本田圭佑選手が、２０１４年にＡＣミランに移籍する時に、「心の中のリトル・ホンダに聞きました。そうしたら『ミランでプレーしたい』と答えた。それが決断した理由です」と、記者会見で話していましたが、あの感じです。ここで本田選手が言っている「リトル・ホンダ」が、「客観の自分」なのだと思います（確認したわけではありませんが）。

これはプレゼンだけに限りません。会議でいつも社長が座る席から会議室の風景や自分がいつも話している場所を見てみる。それだけでも意識は変わってきます。

これをとてもわかりやすい言葉でいえば「相手の気持ちになる」ということです。よく言われますよね。相手の気持ちになって考えよ、と。なーんだ、そうか、と思うでしょう。でも、「相手の気持ちになる」ということはこういうこと。相手に憑依した感覚になれば、リアルタイムで相手の気持ちになれるわけです。これをしっかりやれると、プレゼンの説得力が上がり、断然伝わるようになります。

「メタ認知」は優秀なビジネスパーソンに共通するスキルでもある

こんな風に「主観の自分」を意識していくことを「メタ認知」といいます。私たちは「メタ認知」をしながら「主観の自分」を修正していきます。

優れたビジネスリーダーは、この「メタ認知力」が優れています。様々な人に聞いたり、記事を読んだりして自分なりに観察してきたのですが、これは間違いないと思います。

ビジネスリーダーは人を巻き込んでいく必要があります。その時、自分の都合や思いだけでは、周囲がついてきません。自分が進める施策を、周囲はしっかりと賛同してくれているだろうか、自分の発する言葉が相手に伝わっているだろうか、リーダーとしての自分は、相手からどう映っているだろうか。そういったことをチェックしながら、自分自身の行動や振る舞い、言葉などを、相手に合わせて少しづつ修正していくことで、結果として周囲もフォロワーとしてそのリーダーについていくことになるのです。ですから、優れたリーダーは、そのように、自分自身を修正する能力が優れている、ということなのだと思います。

根回しだって、アフターフォローだって必要ならばやろう

相手に何かを伝える時間は、実際に1分のこともあれば、5分や、30分や、1時間のこともあると思います。ただ、これまで述べてきたように、「コアとなる1分」がしっかりしていれば、残りの時間は、その主張を補強し、相手により早く、動いてもらうために費やすべきものであります。

たとえば、相手にイメージをより強く持ってもらうために動画を見せるとか、ロジックを補強するために別の角度から考えたことを話すとか、そもそもなんでこんな話をするのかという背景を話すとか、質疑応答に答えるとか。色々時間の使いようはあると思いますが、それはすべて、「話すべき1分」を補強し、相手に動いてもらうために働きかけるための時間です。

また、相手に動いてもらうためには、ぜひそのプレゼンの時間以外の機会も利用して働きかけてください。プレゼンコンペやピッチ（プレゼン）コンテストのように、1回のプレゼン本番ですべてが決まる場合もありますが、社内会議での説明など、**事前に根回しができたり、会議後にアフターフォローができる場合があります。**相手を動かすためには、これらの前後のプロセスを機会ととらえてフル活用しましょう。

「根回し」と聞いて、「ああ、自分はそういうことは嫌いだ、やらない」と感じる人もいるかもしれません。事前に根回しをしている人を、「ずるをしている」と感じる方もいるでしょう。

しかし私は、事前に相手に何かをインプットできる機会があれば、喜んで活用します。なぜなら、それで相手が動く可能性が高まると考えるからです。本番一発のプレゼンで相手がすべてについてOKするかどうかわからないのであれば、事前に「**今度の会議で、私はこんな話をしようと考えています**」と伝えて、あらかじめ相手の理解を進めておくメリットは計り知れません。

デメリットがあるとしたら、その根回しのための時間が余計にかかることくらいです。しかし、相手がそれを了承してくれるのであれば、より理解が深まり、相手が動く可能性が高まるので、むしろ時間をかけたほうがよいのではないでしょうか。

プレゼン後のアフターフォローを行なうのも同じです。プレゼンの結果、聞き手が動くかどうか、微妙だ。そういう時は、聞き手を捕まえて**「詳細を改めてご説明したく」**などと即座に行動すべきでしょう。

要するに、「根回しやアフターフォローをすることはカッコ悪いことだ」と思っているのは本質から外れているのです。つまり、あなたはカッコいい・悪いで仕事をしていませんかということを問いたいのです。

社外で営業する時は、売上とか受注というわかりやすい指標があるので、皆さん目的に忠実になり、根回しだろうがアフターフォローだろうがなんでもやるぜ、というスタンスをとりやすいですが、いざ社内での話になると、「そういうのは、俺は好きではない」などとカッコつけてやらない人を、たくさん見てきました。しかし、そんな「ちんけなプライド」はどうだっていいのです。ゴールに対して確実性が高まるのであれば、徹底的に機会を追求すべきでしょう。相手を動かすためにできることすべてをやる。そう考えると、プレゼンの機会だけではなく、その前後の機会も有効に使うべきなのです。

第 6 章

「伝え方」のパターンを知っておこう

「1分で動かす」ために、主張と根拠の3段のピラミッドを作って、聞き手の左脳に理解してもらい、右脳をしっかりと刺激しながら動かしていこうと述べてきました。このピラミッドは、結論からそのまま話していけば、驚くほど簡単に「伝わるメッセージ」になります。基本形はこんな感じです。

「今日は、皆さん禁煙をしましょう（**結論**）、という話をします。禁煙したほうがいい理由は3点あります。1つめは、禁煙しないと健康によくないということです（**根拠1**）。**たとえば、**喫煙者と非喫煙者で、平均寿命が◯年違うという調査があります。2つめは、禁煙すると、ご飯が美味しく感じられるようになるということです（**根拠2**）。3つめは、『禁煙セラピー』を読めば、かなり簡単にやめられるからです（**根拠3**）」

ほかにも、プレゼンテーションのフレームワーク（枠組み）を調べてみると、**SDS**、**PREP**という2つの形がよくあげられます。

SDSとは、

「Summary（まとめ）-Detail（詳細）-Summary」

ということで、「詳細をまとめで挟み込め」ということですね。

そしてＰＲＥＰとは、

「Point（主張）-Reason（根拠）-Example（例示）-Point」

ということで、これは、要するに主張と根拠のピラミッドです。

これらのフレームワークを使うと、プレゼンが力強く説得力を持つといわれます。

要は、ピラミッドのまとめの部分を強調しながら言えばいいということです。

結論ではさむＳＤＳ

先ほどの禁煙の例でいえば、

「今日は、皆さん禁煙をしましょう（結論）、という話をします。**禁煙はしたほうがいいです！** 禁煙したほうがいい理由は３点あります。１つめは、禁煙しないと、健康によくない、ということです。たとえば、喫煙者と非喫煙者で、平均寿命が◯年違う、という調査があります。２つめは、禁煙すると、ご飯が美味しく感じられるようになる、

SDSのフレームワーク

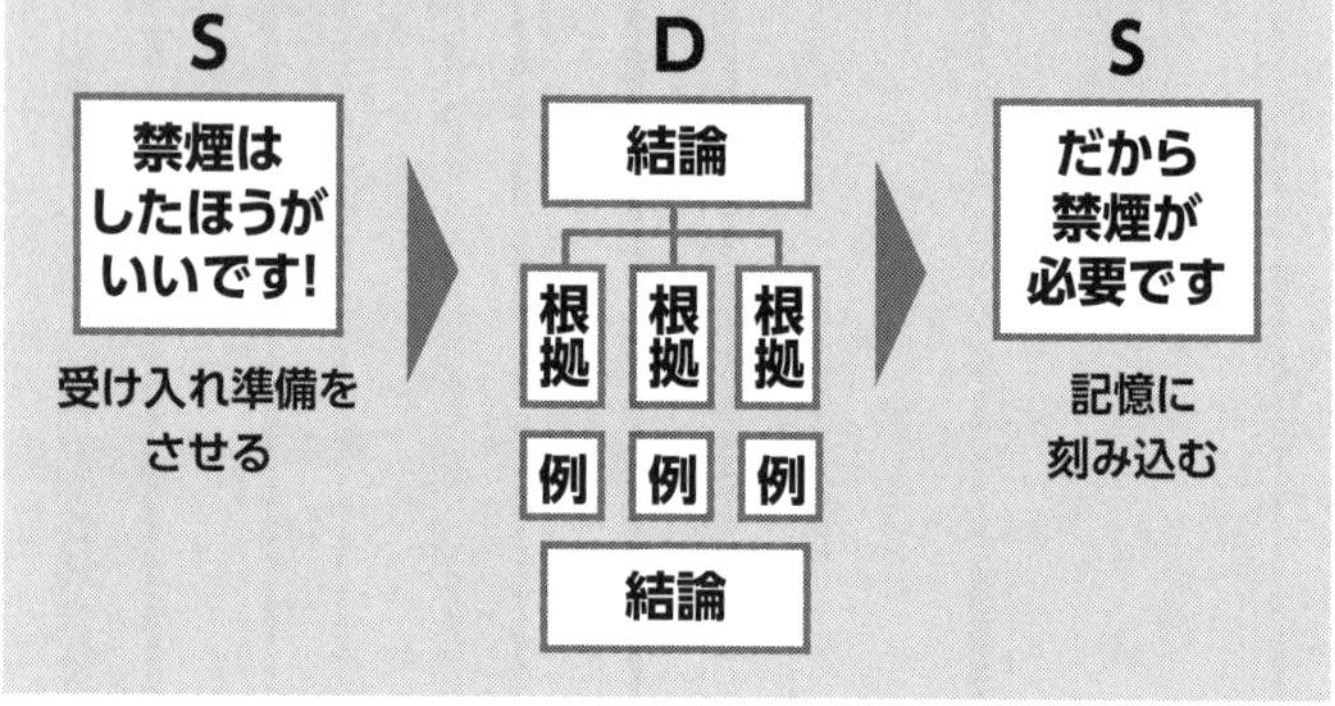

ということです。3つめは、『禁煙セラピー』を読めば、かなり簡単にやめられるからです。

「**ということで皆さん、禁煙しましょう!**」

この線を引いたところがSDSでいうところのSummaryですね。PREPもほぼ同様で、3段のピラミッドの最後にもう1度結論（主張）をもってきます。

新しい取り組みを説明する時のPCSF

もちろん、プレゼンのパターンはいくつもあります。たとえば、スタートアップが新しい革新的な取り組みをプレゼンする際などは、

「Problem（問題）－Change（変化）－Solution（解決策）－Future（未来）」

こういう形で話すとよいといわれています。

「今、こんな形で問題があります（Problem）。これに対し、テクノロジーでこんな変化が起きつつあります（Change）。この変化を活用し、我々は、こんな解決策を生み出しました（Solution）。そして私たちは、この解決策を展開しながら、こんな未来を作っていきたい（Future）」

こういうパターンはいくらでもあり、「プレゼン　フレームワーク」などと検索すれば、たくさん出てきます。また、自分で作ってみるのもよいと思います。

重要なのは、パターンを覚えるということではなく、どう組み立てたら相手を動かすことができるか、流れがシンプルになるかということを徹底的に追求することです。

伝えたい言葉はあるか

これまで私は、うまく1分で話を伝えるための構造はどう作ればいいかとか、それで相手を動かすためにどうしたらいいかといった、いわば人に何かを伝えるために必要な「技術的な側面」を中心に話してきました。

もちろん、これらの技術は、とても大事なことです。技術がしっかりしていなければ、人にはなかなか伝わりにくいのは確かです。しかし、人に何かを伝え、動いてもらうために一番重要なことは、当たり前ですが、あなたの**「想い」**です。

あなたは、人にプレゼンをする際、どんな思いをもって臨みますか。自分の存在すべてをかけてプレゼンに向かいますか。このプレゼンは世界を変える！と思って向かいますか。そこまではいかなくとも、このプレゼンの内容について、自分は世界で一番自信をもって伝えられるという気持ちで伝えますか。

私が言っていることは、大げさでしょうか。私は決してそうは思いません。少なくとも、自ら起業して、自らの創り上げたサービスやプロダクツで世界に打って出ようとするスタートアップの創業者たちは、皆こんな思いでプレゼンしています。私自身も、人に何かを伝えて、動いてもらおうとプレゼンする時は、常に「わが存在をかけてこのプレゼンをする」という気持ちで向かいます。

もし、このくらいの気持ちを持たずに人に何かを伝えて、動いてもらおうと思っているなら、考え方を変えたほうがよいかもしれません。

たとえば、「**いや、これから説明しようとすることは、正直あまり自信がありません。ですが、仕事なので、プレゼンしろと上から言われたのでご説明します」と言われてプレゼンが始まったとしたら、聞き手はその人の話を聞くでしょうか。**そんな思いでプレゼンされても、聞く気が失せるのではないでしょうか。私が聞き手だったら、その瞬間、「だったらもう時間がもったいないから、やめてくれ」とプレゼンをやめさせることでしょう。

では、言葉ではそのように言わなかったとしても、内心、そんな風に思っている人がプレゼンをしたら？　そういう気持ちは、必ず視線や声のトーン、そして内容に現れます。だとしたら、やっぱり結果は同じです。

ですから私たちは、やっぱり「自分の存在をかける」くらいのつもりで、聞き手に伝えなければいけないのではないでしょうか。

自分の存在をかけて、ということがイメージできないとしたら、少なくとも、**「これから伝えようとしていることは、自分が一番詳しいし、自分はそのコンテンツに一番自信を持っているし、一番好きだ」**くらい強い思いを持ち、その思いを聞き手にぶつけることが不可欠です。

なぜか。

そうでないと、聞き手が動かないからです。人間は、基本的に変化を嫌がる性質を持っています。あなたは、聞き手を自分が望む方向、つまりゴールに動かしたいと思ってプレゼンするのですが、逆にいえば、今聞き手は、あなたが望むゴールにいないわけです。その聞き手に変化を促し、動かしていく。それは簡単なことではありません。あなたが心の底から強く思うことを、情熱を持って自分の存在をかけて語るからこそ、聞き手は心が動かされ行動に移すのです。聞き手を「動かす」ためには、そのくらいの思いは普通に必要です。厳しいことを言いますが、そこまで思えない人は、思いがこもっていないプレゼンによって相手が動くレベルの仕事しかできないのです。

でも、これはそんなに難しいことではありません。
たとえばあなたは、仕事以外のどんなことを人に話す時、盛り上がることができますか。昨日行った、とんでもなく美味しいフランス料理店の話をする時でしょうか。または、先日テレビで見たサッカー日本代表の流れるようなパスワークのことを話す時でしょうか。それとも、読んだばかりの三国志を題材にした漫画のワンシーンの感想を話す時でしょうか。いずれにせよ、「一番好きなもの」を話す時に、あなたは思いを込めて、情熱的に楽しそうに言葉豊かになるのではないでしょうか。

それを、仕事においてもやればいいのです。

そんな**「伝えたい言葉」が、あなたにはありますか。**

あるなら、それをぶつければいいのです。

そのプレゼンであなたは何をしたいのか。なぜ、それを伝えたいと思うのか。伝えて、どうなってほしいのか。その言葉に、どんな思いを込めるのか。

相手を動かしたいなら、まず自分自身を動かせているか。そんなことを、振り返ってみてください。

動かしてなんぼ

これまで述べてきたように、「正しいことを言うだけ」では、相手は動きません。聞き手が、あなたが設定したゴールまで動いてはじめて、あなたの目的は達成します。つまり「動かしてなんぼ」なのです。考えられるあらゆる手を使って、相手を動かしていきましょう。うまく話す、きれいに話す、かっこよく話す……どうでもいいのです。相手が動いてなんぼ。動かしてなんぼ。相手は動いたか。成果はそれだけではかられます。それ以外のことは重要ではありません。

私は「1分で語れ」と言いました。これは、相手に対して説明し、動いてもらうには、1分の内容で決まるという意味です。しかし、その準備のための時間は、労を惜しんではいけません。「相手を動かすためにできることは全部やる」ということは、そのための準備も徹底的にやりきるということです。

さて、あなたは相手を動かすためにすべてのことをやりますか。徹底的に相手のことを研究する、話の筋道を考える、相手に印象づける例を出す。資料の一つひとつに徹底的に時間をかけ、どのフォントを使い、どのくらいの大きさにし、どの色を使い、どういう写真に、どのような加工をするか。相手を動かすために一番効果的な姿勢や声の出し方、間合いを考え、練習し、根回しやアフターフォローも機会を作ってやりますか。

これらの準備は、途方もなく労力がかかるかもしれません。でも、ここまでしてやっと人は動くのです。私自身が人前で話をする時も、常に準備に時間をかけます。

ネットで情報を仕入れたり、関係者から話を聞いたりして、聞き手がどんなことに興味があるかを研究するのにもいつもかなり時間をかけています。また、主張と根拠のピラミッドにしても、これまで私が作ってきて、一発ですぐに作れたことは1度もなく、重要なプレゼンの前には常に何度も作り直しています。

パワーポイントの資料も、徹底的にこだわります。体裁にこだわるというより、聞き手が見て一発でメッセージや図表を頭に入れ、理解し、動いてもらうためにどうしたらよいかという観点で、何がベストかということにこだわるのです。「スッキリ・カンタン」に削るべく磨いていきます。

どういう声で、どういうトーンで、どんな身振り手振りを使って話をするか。当然ながら、ここにもこだわっていきます。プレゼンの練習をせず、ぶっつけ本番で話す方が、私の周りでも本当にたくさんいらっしゃいますが、これはもう、私にとっては理解不能です。主張と根拠を準備するのも、資料をブラッシュアップするのも、話す練習をするのも、同じように大事です。

私が先に述べたソフトバンクアカデミアで、孫正義さんに「キチリクルン」のプレゼンをした時は、３００回練習しました。単に毎回、同じことを棒読みし、覚えようとしていたのではありません。10回に1回は録音し、聞きながら、ここがよくわからない、ここは言葉が飛んだといったことを振り返り、毎回、話す言葉を少しづつ改善していきながら、より説得力を増すために練習していたら、いつのまにか300回になっていたのです。それだけ練習することで、自信を持ってプレゼンすることができましたし、その結果、相手が動いたと確信しています。

私が言いたいのは、だから皆さんも300回練習しなさい、ということではありません。**相手が動くためにできることを、すべてやりきりましょう、そしてそのために時間を惜しんではいけません**。伝えるには、動かすには、1分の内容がベースです。しかし、その準備にかかる時間は膨大かもしれません。もちろん、時間をかけることが常にいいわけでもありません。

何度も言いますが、「動かしてなんぼ」です。すべては、「相手を動かす」ことにつながっているか?ということをご自身で問うてみてください。最後は、絶対動かすんだ!という気合と、動かすまでやるんだ!という根性です。この「1分で動かす」を元に、皆さんがやりたいことを実現するために、相手を動かしていくためにチャレンジしていってください。

第 7 章

実践編

さて、1分で相手に伝え、動かすにはどうしたらいいか、その基本編をここまで説明してきました。第7章では、これらの原則を、実際の職場でどのように活用していくとよいのかについて、考えていきたいと思います。

あなたが職場で直面する課題を、いくつかのシーンに分けて考えます。シーンは5つ、

1 会議に参加している時

2 上司に説明する時

3 チームメンバーに説明する時

4 営業先に提案する時

5 会議でファシリテーターとして参加する時

とします。そのそれぞれにおいて、何を考え、どう対応するか、気をつけるべきことは何かについて、困っている方の悩みに答えるかたちで進めていきます。

【会議】とっさに意見を求められて真っ白になる

田中さんのケース

メーカーの営業本部の課長として、仕事をしています。本部の定例会議が週に1度あり、参加者の一員として出席します。

この会議は、全体としては25名ほど出席しており、役職的に私より上の部長が3人、そして本部全体を統括する取締役本部長が１人出ています。あとは課長も数人、それ以外は、一般メンバーです。時にゲストも出てきます。

基本は、本部施策の進捗報告や、企画の意思決定を行なっていきます。

時々、私も自身が出した企画案についてプレゼンすることがありますし、自分の担当業務が絡む部分に関しては、時々、急に意見を求められたりします。

プレゼンにはしっかり準備をして臨むのですが、会議中に意見を求められると、咄嗟に意見が言えずもごもごしてしまいます。

とっさに考えて何か言おうと思うのですが、自分の中で苦手意識が先に立ってしまって、頭にかーっと血がのぼり、真っ白になってしまいます。

現状

取締役　やりたいことはわかったけど、それ、本当に実現性があるのかな。
田中さん　あ、はい。実現性につきましては、部署でしっかり取り組みますので……、もごもご……。

こういうことは、実際よくありますね。

大丈夫。私も昔は、そうでした。だからこそ、自分なりに色々努力して、改善してきました。これこそ「1分で話せる」主張と根拠のピラミッドの出番なのです。

まず、なぜ頭が真っ白になるのかというと、どう考えていったらいいかわからないから、思考停止になるのです。したがって、まずはパターンを作り、そのパターン通り頭を働かせていくようにしましょう。

相手は何を質問しているのか、を見つけよう

まず大事なのは、相手の問いが何なのかを認識することです。

突然想定外の質問をされると、早く答えなければと焦ってしまうものですが、まずは落ち着いて相手の質問を聞いて、それに、

- Yes／Noで答えればいいのか
- アイデアを聞かれているのか
- 懸念点を答えればいいのか

といった答え方をとらえます。

この時はまだ、どう答えるかを考える必要はありません。ただ、聞かれたことを把握するだけです。そこをごっちゃにしてしまうので頭が混乱するのです。問いは何か、どういう形式で答えるかだけをしっかり相手の言葉からとらえることです。

そのうえで、相手の問いに対するピラミッドを作ります。まず結論を決め、理由を3点考え、3段めの具体例を、最低1つは入れる感じで言えばいいでしょう。

「YES／NO」を聞かれているなら、「YES」か「NO」を伝えて、その理由と具体例。アイデアを聞かれたのなら、それを伝え、理由と具体例を続いて話します。

会議では「ポジション」をとるのが大事

ただ、会議では、とっさに結論を言いにくいという方もいるようです。ほかの場所なら結論を出せるのに、会議では言い切れないのです。

さらに、取締役や部長など自分よりも階層が上の人が前にいると、自分が結論を明確に言ってしまっていいものだろうか？という思いもあるようです。

なぜ遠慮するのかを考えると、いろいろ理由がありそうですが、こんな風に答えは出せるのに、聞き手に遠慮して言いづらいというシチュエーションは、皆さんも経験があると思います。「言わなければならない」とわかっていても、「むっとされたらいやだな」なんて心では思っているのかもしれません。

でも、会議では、またビジネスパーソンのスタンスとしても、「ポジションをとる」ことは大事です。誰かが何かのポジションをとらないと、まったく議論は進みませんし、なんとなくその場の空気で物事がよくない方向に決まってしまうこともあるでしょう。

それに、私が思うに、おそらく咄嗟に聞かれた場合でも、じっと考えた後でも、結論は変わらないことが多いのではないでしょうか。

ケースバイケースではありますが、やっぱり、その時に「直感」として出てきた結論が正しかったということが多いように思います。

もちろん、判断材料がゼロだと、ＹｅｓかＮｏかの判断は難しいですが、それなりに判断材料があるのであれば、「Ｙｅｓかもしれないし、Ｎｏかもしれない」と逡巡するよりも、「その場で判断する」という姿勢こそが重要だと思います。白か黒か１００％はわからない。そこで、「白かもしれないし、黒かもしれない」とするのではなく、「白」か「黒」か決めると。これが「ポジションをとる」ということであり、本来、会議でも仕事でも重要なことだと思います。

なお、それでも怖い人に。

私の経験からですが、判断材料の量と結論の確からしさ（自分なりに自信をもってその結論が言える確度）をグラフにしてみると、左ページの図のような感じです。あくまでイメージですが。

つまり、ある程度の判断材料がすでにあるなら、そこでポジションをとり結論を決めてしまっても、その後変わる可能性は少ないということです。

もちろん、黒と言ったら白だったというケースもあります。だとしても、１００％の自信を得るまで考え続けるでしょうか。それは明確にＮｏです。ビジネスに１００％はありません。どこかでポジションをとらねばなりません。

もちろん、拙速な判断で組織を間違った方向に導きましょうと言っているのではありません。大事なのは、「結論を出す」ということです。

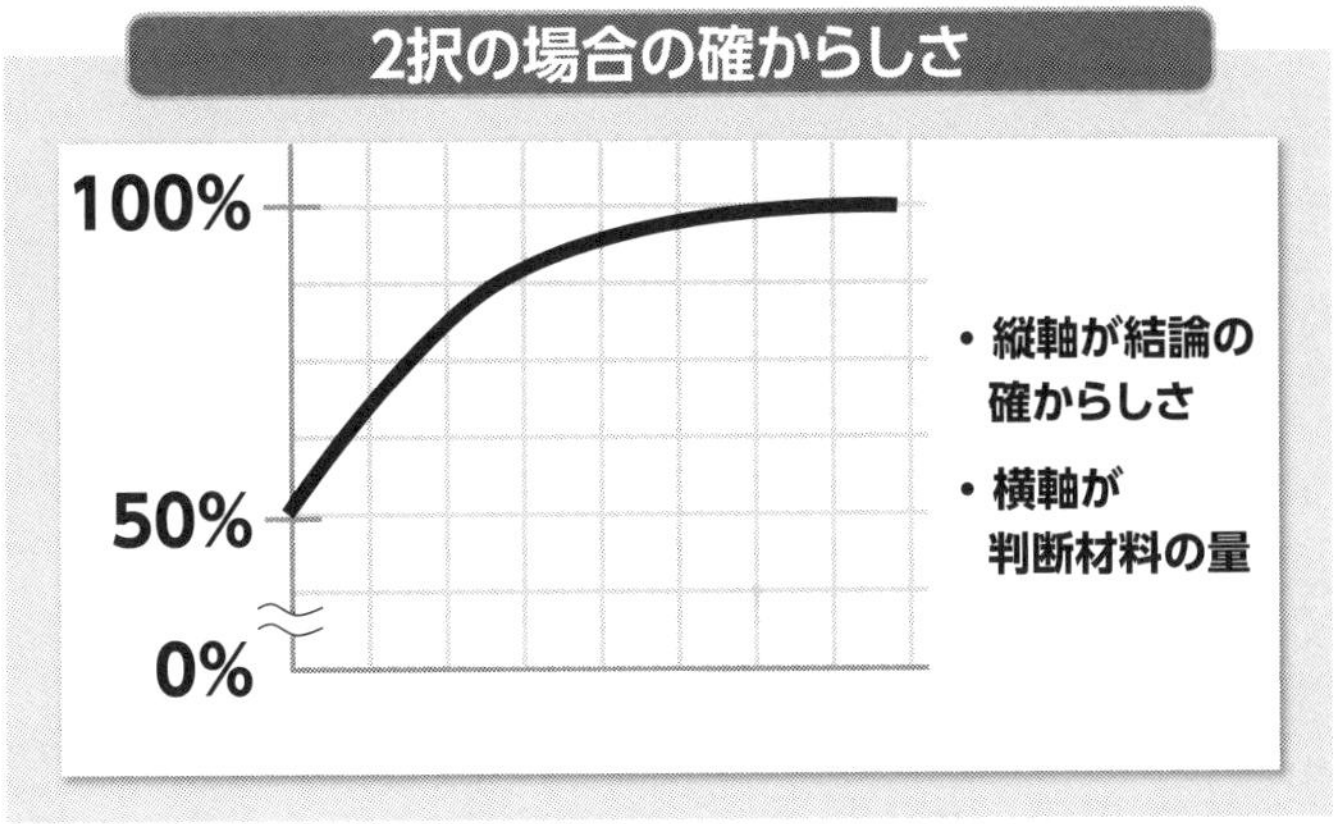

なぜか。結論を出せば、ピラミッドの根拠を考えることが可能になるからです。主張と根拠のピラミッドを完成させて、ひとまず相手にぶつけてみる。その姿勢が大事なのです。すると、反論があるなら反論してくる。それが議論です。

ポジションをとり、結論を出し、その結論をサポートする根拠も見せることで、聞き手と「議論する」ことが可能になる。これが大事なのです。議論して、やっぱり違うなと思ったら、訂正すればいいのです。

ですので、まず結論を出し、ビシッと伝えるのです。勇気を出して。

上司に意見をぶつけていいか？

さて、もう1つの問題として、「上司に対して、結論を明確に言ってしまっていいものか？」ということです。

これは、「上司の言うことを、部下は聞くものである」という間違った幻想がある日本社会においては、案外根深い問題かもしれません。そもそも、「上」司とか、部「下」というネーミングが、上司のほうが部下よりえらくて、仕事的にも、人間的にも優れているかのように勘違いしてしまいがちです。

皆さん誤解しやすいのですが、上司は、マネジメントをするという「機能」を持っている人に過ぎません。別に人間的に優れているわけでもないですし、能力がすべてにおいて部下の人たちより優っているなんて、あるわけがありません。

「いやいや、高い給料をもらっているから」

と言う方もいるかもしれませんが、上司のほうが給料が高いとしたら、それはより大きい責任を背負っているからであって、人間的に優れているとか、能力がすべてにおいて優っているとかいう話ではありません。

もっといえば、社長は会社において、一番人間的に優れていて、能力も一番優れているのでしょうか。そういうケースもあるかもしれませんし、人間性ということでいえば、マネジメントの職階が上がれば上がるほど、高い人間性が求められるかもしれませんが、少なくとも、スキル・能力に関していえば、上の職階だからすべてにおいて優れているということはありません。

これを逆の立場、つまり自分が上司の立場で考えてみてください。すべてにおいて自分が優れているということは、部下と相談しても、自分以上の意見は出てこないということになります。そうだとしたら、社長の能力が、その会社の能力であるということになってしまいます。

前向きな、何かをつくり出す部分については、上の職階の人は、部下たちの意見を求めています。上司である自分が何か意見を言ったら、すべてそう決まってしまうことこそ怖いことはありません。ですから、部下もしっかり自分のスタンスを明確にし、上司に応えるべきなのです。

私は、**「配慮はしても、遠慮はするな」**と言っています。自分の意見を言うことは、むしろ望まれているのです。相手に対する礼を失してはいけませんが、遠慮して意見を言わないのは、結局、相手のためにもならないのです。

意見を言うと、否定する上司に対しては？

なかには、何か意見を言うと、偉そうに言うなとすぐ否定してくる上司もいるでしょう。

こういう上司には、やり方があります。そういう上司に、あなたを追い込んでもらう「道」をつくってもらうのです。

「何なんですかそれは？　追い込まれたら、言い返せないじゃないですか？」と思っている方もいるでしょう。

「追い込んでもらう」とは、言い換えれば、「ツッコミどころ」を用意するのです。

要するに、自分の意見を全否定させなければいいわけです。多少、突っ込みたくなるところを用意しておいて、そこに批判を集中させる。でも、本丸は守る。そういうやり方を、私は過去よくしていました。

具体的には、たとえば、前提をこうおきましたというコメントをしておく。それで、話をいったん終えた後、「ただし、○○の場合は、違うかもしれません」と言っておくと、割と聞き手は、「前提が違ったら、この意見は間違っとる！」などと食いついてくれます。

また、主張と根拠のピラミッドの根拠の部分の3つめに、自分の意思とは異なる根拠を入れたりもします。あえていい加減な、突っ込みやすい根拠にするのです。そうすると、食いついてくれます。で、すかさず「おっしゃる通りですよね！」と言いながら、もともとあった根拠に入れ替える。

すると、相手も自分のおかげでよい案になったと思って、OKを出しやすくなるのです。

「相手を操縦している」ような言い方に聞こえたら申し訳ないですが、やっぱり、突っ込みたいという相手には、突っ込んでいただく。それでその意見も取り込んでいく。そうすれば、「共同作業」になるわけです。つまり、「共犯」になるので、否定しづらくなってくる。そういう道をあらかじめつくってコントロールするのです。私は、そのくらいのことは普通にしていました（今はそんなことをする必要はないですが）。

要するに、すぐ否定してくる上司は、意見の正しさがどうというより、まずは威厳を見せたいとか、生意気なことを言うな！とかそういうことを考えているわけですから、言わせればいいのです。それで、「そうですね！そうですね！」と言っておけばよい。

そして、最終的に自分の意見が通るようにもっていけばいいんです。

大事なのは、「動かしてなんぼ」です。動いてもらうためにやるべきことはすべてやる。そのためには、「追い込む道」を用意するのは結構効きます。

自分で「完璧だ！」と思う意見を言っても無反応なのに、ツッコミどころを見つけると、喜んで突っ込んでくる上司、ものすごくムッとするけれど、いませんか？

そうした方にはうってつけの方法です。

自分から手を上げなくても、発言できる方法

しかし、多くの会社ではやはり「上司はえらいのだ」という雰囲気だったりするので、「ここは自分が意見を言わねば」と思う時に、なかなか手をあげて発言しづらいということもあるでしょう。

そんな時、自分の発言をスムーズにする方法があるのです。

私は、そういう雰囲気がある時には最初から仕込みます。まずはゼスチャー。聞いている時に、賛成の時は「うん、うん」と大きく頷きます。反対の時は、あからさまに首をかしげます。

そのうち声も出していきます。「うん、うん」の頷《うなず》きに合わせて、「うん、うん」と口に出して言う。反対の時は、「えー」とは言いづらいでしょうから「ぅあー」と、賛成なのか反対なのかわからないような声を、賛成の時より小さな音量で出してみる。

そうこうしているうちに、会議室全体が、自然に自分に対して注目してくるようになります。最初は、彼は会議に一生懸命参加していると思うのでしょう。しばらくすると、「彼は、何か意見があるのだな」と思い始める。そういう「地ならし」ができると、すっと手をあげた時に聞いてもらいやすいですし、「君はどう考えるんだ」と聞いてこられたりもします。

それが100%効果的かどうかは、ケースバイケースですが、言いたいのは、そういうことをしてでも、あなたは、意見を言っていかねばならないということです。自分なりに「会議の意思決定に参加していく」やり方を考え、実行していきましょう。

はっきりいって、会議の時間にまったく言うことがなければ、その会議に出る必要はないんです。一方で、何かしら言うことがある時に言わないのはサボりです。だから、言わなくてはならないのです。だって、そのための会議なんですから。

配慮はしても、遠慮はするなです。

こう変えた

取締役　やりたいことはわかったけど、それ、本当に実現性があるのかな。

田中さん　（取締役は何か引っかかりがあって、懸念点とその解決策を聞いているんだな）はい、確かに、スタート時に協力店を募るのは骨が折れるかもしれません。しかし、メンバーと相談して各店長に確認したところ、好意的な店長が多いとのことでした。やってみる価値はあると思います。

【プレゼン】自分の話を聞いてくれているような気がしない

河島さんのケース

私は、某社の営業推進課長として、今、あるコンビニチェーンとコラボをしながら、ロードサイドの店舗開発を担当しています。先日、会社が競合と合併して、融合しようと様々な施策を行なっています。私も、統合して同じ部署になった合併先の方たちに、自分がやっていることの紹介をすべく、10分くらいのプレゼンを準備しています。

こういう、人に「聞かせる」プレゼンで相手を惹きつけることが難しく、聞き手がいつもつまらなそうな顔をしているのが気にかかるのです。資料は伝わるように作っており、割と評判もいいのですが、話し方が全然ダメ。自分で録音を聞いてみると何を言っているかわからないし、おもしろくない。どうしたらいいでしょう。

現状

「皆さん、こんにちは！　今日、お話しするのは私が担当しているロードサイドの店舗開発の件です。このグラフをご覧ください。この施策の実施店とそうでない店舗で、大きな違いが出ています。必ず皆さんの店舗にお役に立てる案件です。皆さん、この開発スタイル、ぜひ覚えておいてくださいね」

声を大きくするだけで、7割方解決する

何百人ものプレゼンの指導をしていて思うのは、まずは「声が小さい」ということです。「伝わらない」「わかってくれない」「相手がきょとんとしている」ということの、きっと7割くらいは、「声が小さい」というただそれだけの理由ではないかと思います。

その時、声を大きくしようと思って、力を入れて張り上げてもうまく届きません。

目の前の人、もしくはプレゼンなら自分から一番遠い人に、「声」というボールを届けるような意識で話してみましょう。その時、くれぐれも力まないこと。「大きな声」よりも「届ける」という意識が大事です。

言葉にイメージを持てば、トーンは自然に変わる

声が聞こえる大きさになったとして、次に皆さんに気をつけていただきたいのは、「声のトーンを変える」ということです。


実際に河島さん（仮名）のプレゼンを聞いた時もそうでした。

まず、声のトーンが最初から最後まで同じ。これ、全然ダメです。

「皆さん、こんにちは！」に始まり、「今日、お話しするのは私が担当しているロードサイドの店舗開発の件で」、途中の「このグラフをご覧ください」、そして最後の「皆さん、この開発スタイル、ぜひ覚えておいてくださいね」まで、全部同じ口調で話し

ています。

それでは相手も眠くなってしまいます。

でも、「トーンを変えてください」と言うと、無理に「ここはトーンを上げる」「ここはトーンを低く」などと考える方もいます。でも、それって不自然じゃないですか？

もちろん、大事なことは大きな声で言う、そうでないことは普通の声の大きさで言う。そういうことではあるのですが、私がプレゼンで留意しているのは、一つひとつの表現、言葉に意味合いを込めるということです。

「皆さん、こんにちは！」に、どんな思いを込めていますか。何かそこにメッセージはありますか。「皆さん、こんにちは！」は「こんにちは」でしかないと思っていませんか。

ただ大きくしても意味はない

ここで、

「皆さん、私が行なっているロードサイドの店舗開発についてお話しします」

という最初の一言だけ、分解してみていきましょう。

まず、「皆さん」は、どういう「皆さん」なのでしょう。これまでずっと働いてきたチームの皆さんですか。地域の仲良しグループの皆さんですか。違いますよね。今まで競合で競い合ってきたけど、今度、合併により仲間になった「皆さん」です。そういう思いを込めて、話しましたか？

だとすると、

「これまで競合で、『あなた方』と『私たち』は、戦ってきましたよね。でも、合併で仲間になった。新しい『私たち』の中の一人の私が、皆さんに語りかけたいのです！だって皆さんに知ってほしいから、私のやっていることを！」

という思いを込めた「皆さん！」ですよね。

それを頭の中で想像しながら話すと、必ずそれは伝わります。

人は不思議なもので、「皆さん」という言葉だけでそれを理解するのではありません。でも、一語一語にそういう思いを込めていくと、声の調子は必ず異なってきます。逆にいえば、そういう思いを込めていかないと、言葉が単なる「記号の羅列」になってしまいます。

プレゼンの名手と呼ばれる人たちがいます。その人たちの言葉に力があり、自分の話は何の魅力もないと感じることがあるとしたら、ここの差が大きいと思います。「皆さん！」と呼びかける最初の一言から、思いがこもっているか、何も考えずに話すか。この違いです。「皆さん！」で違うとしたら、プレゼンの中心部分である主張と根拠の力強さなど、当然ながら全然違ってくるはずです。

次に「私が行なっているロードサイドの店舗開発」は、どうでしょうか。

もちろん、あなたがその担当者なら、自信を持っていますよね。

いや、「上司から言われてやっているんだから、そんなでもないよ」と言うかもしれませんが、最低限、自信は持ってください。

「自分がこの案件については、世界で一番情熱を注いでいます」くらいのことを思わないと、まず伝わりません。


そして、そこにも同じように思いを込めていますか。

「合併したみんなに聞いてほしい、これ結構イケます。もしよければ、よく聞いてもらってサポートしてほしい」

そんな「ロードサイドの店舗開発」なのではないのですか。


また、相手がどれだけ知っているかによっても、こちらの伝え方も変わるでしょう。

もし、ある程度は広まっているものなら、

「あれです、あれです、見たことありますよね。A県に結構ある、あのスタイルです」

という感じで呼びかけたいことなのか、まだあまり浸透していないなら、

「ごめんなさい、皆さん全然知らないですよね、なぜならまだ全体で3件しかオープ

ンしていないので、まだまだです。でも頑張りますよ！」
という状況なのか。

もちろん、そういう情報は、後から言葉で説明すればよいでしょう。ですが、その「ロードサイドの店舗開発」という言葉を発する時に、そのようなイメージを持って話すか、そうでないかによって、まったく聞き手が受ける印象は異なってきます。

「だったら、どっちも強調するの？　全部強調したら伝わらなくなってしまうんじゃないの？」
と思う方もいるでしょう。

でも、最初にお伝えしたように、強調するかしないかではないんです。それぞれの言葉に自分なりの思いが込められていたら、自然と抑揚が生まれます。すると、自然と動作もついてくるものなんです。

「私」と言う時は（結構、普段皆さんもやっているのではないかと思いますが）、手を自分の胸に添えたり、若干下を向いて話したり、これからの明るい未来を想像できる物事であれば、自然に聞き手や、前方斜め上のほうに声も向かうはずです。そもそも明るい話をするのに、下を向いてするのはおかしいです。

「あの仕事が……」「この考え方は……」「その時……」といった言葉を使うことがあると思いますが、「あの」といった時に、聞き手が「ああ、あれね、あの仕事か。うんあれは大変だったな。わかるわかる。君の『あの仕事』という言葉に、それが伝わる。そうだよな」と思ってくれるような「あの」。そんな思いを込めて言えるかなんです。

言葉は、思いを伝えるための道具です。プレゼンも、自分の思いを言葉にのせて、自身の主張を伝えて、相手に動いてほしいわけです。

これを、全編通してやってみてください。最初の「皆さん、こんにちは！」から、最後の「ありがとうございました！」に至るまで。「このグラフをご覧ください」なんていう何気ない一言も。全編一言一句。

驚くほど、言葉に魂が吹き込まれます。そして聞き手の受け取り方に変化があるはずです。

「ロジカル」なだけでは伝えられない

ロジカルにストーリーを考えられる人であるほど、こういったところを軽視します。「私は、ロジックを大事にします。情熱とかでなくて。だから、1から10まで、こうやってトーンを変えないで喋るんです。わかりやすいでしょう。正しいことだけを言えば人には伝わるんだから」という印象で話す人がいます。

でも、それでは伝わらない。正しいことだけを言っても人には伝わらないんです。一言ひとことに思いを込めましょう。

そして思いを込めたあとは、「今あなたの話を聞いている、目の前の相手」に「声を届ける」ということを意識しましょう。「私は思いを込めました。私が思いを込めているんだから、聞いている人は、適宜私のところに関心を寄せてください」という感じで話すのではなく、「私の思いを、あなたに、この声で、この表情で、届けるんです」という感じ。前半で述べたような「ライブでダイブ」の感覚です。自分から、声を「届ける」のです。

誰に向かって話していますか？

あなたが話をする時、どこに声の行き先を向けるか、考えていますか。ダイレクトに聞き手の顔を見ながら、聞き手に話しかけていますか。

聞き手との間で実験してみてください。自分の声が届いたと感じたら、聞き手に手をあげてもらいます。全員手があがったら、合格です。

でもおそらく、多くの場合、あまり手は上がらないでしょう。話し手は、ついその会場全体の「空間」に対して声を出していたり、地面をめがけて声を出していたりするからです。それでは思いは伝わりません。

だってそうですよね。たとえば好きな人に、愛の告白をしようとします。その時、どう言いますか。その人と自分の間にある空間に向かって「好きだ」と言いますか。または、地面に向かって「好きだ」と言いますか。違いますよね。その人の顔を見て、声がその人に吸い込まれるように「好きだ」と言うのだと思うのです。それを聞き手に対してやるのです。

声は、聞き手一人ひとりに向けるのです。もちろん数十人、数百人になってくると、一人ひとりに声を向けるというのは難しいかもしれませんが、それでも一人ひとりに声を届けようと「トライする」ことが大事です。

実際に観客に近寄ると、「私たち」という意識をつくれる

「ダイブ」の効果ですが、聞き手に実際に近づいて行き客席で話すと、「あなたと私」「話し手と聞き手」という関係が崩れて、「私たち」になるんです。そこまでしても、私は皆さんに理解してほしいんだ、ということが伝わる。

たとえば、演台などがあったら、話し手はそこで話す限り、演台で守られています。また、プレゼンターが立つべき場所に立っている限り、私話す人、あなた聞く人という関係は変わりません。それがダイブすることによって、自分をセーフティーゾーン

でないところに「さらす」ことになるのです。そうすると、当然ながら聞き手は嬉しくなります。

「ダイブ」すること自体の効果という話ではなくて、そういう姿勢です。なぜこの人はこちらに来たんだろう？　あ、距離を縮めたいんだ、そうか！という風に思ってもらえます。そのために、やれることをやるということなんです。

こういうスタンスをとりながらやっていく。一言ひとことに思いを込める、声を届ける。ダイブして近づいていく。これが、第5章で述べた「ライブでダイブ」の真髄です。声の大きさをどうするかとか、間合いをどうするかとか、身振り手振りをどうするかといった一つひとつのやり方ではなく、トータルでこうしたスタンスをとるということです。

声に出して、立って、何度も練習しましょう。時間の許す限り

ミュージシャンは、リハーサルをします。どんなにベテランであっても、練習やリハーサルをしない人はいないでしょう。舞台俳優もそうです。どれだけ演技力がある俳優であったとしても、稽古をしない人はいないはずです。そして、店舗で接客をする人も、おもてなしをまったく練習しない人はいません。

なのに、ビジネスパーソンがプレゼンする時は、練習しない人が多いのです。おかしいですよね。何度も練習し、録音し、使う言葉を変え、声のトーンを変え、間合いをとりながら、こうしたら伝わるだろうか、このように話したら、聞き手は動いてくれるだろうか。そのように悩みながら、色々試しながら練習し、それで本番を迎える、ということをやればいいのです。他のプロフェッショナルがそうするように。

練習することによってでしか、伝える力は上達しません。誰かに聞いてもらい、フィードバックを受けながらやるのが一番です。それが叶わない時には、自分で録音

して聞いてみましょう。たとえば、週1回プレゼンがあるとします。1回の機会ごとに10回練習するとしたら、年間500回以上、プレゼンを練習することになります。それをやるか、やらないかで、どれだけ差がつくかは明白です。やれば上達するし、やらなければ上達しない。それだけです。

また、せっかく話しても覚えてもらわないと仕方がないので、前半で紹介した「超一言」を使うとよりよいでしょう。

こう変えた！


「皆さん、こんにちは！

（これからは一緒に業界1位を目指す仲間だ）

今日、お話しするのは私が行なっているロードサイドの店舗開発の件です。

（実際に結果も出ていてぜひ伝えたい企画だ）

このグラフをご覧ください。この施策の実施店とそうでない店舗で大きな違いが出ています。

（聴衆の中に入っていって距離を縮めよう）

今のビジネスと一緒に成立するご提案です。いわば『ロードサイド二毛作』です。
（一言で覚えてもらえるコピーを作る）
必ず皆さんの店舗にお役に立てる案件です。皆さん、この開発スタイル、ぜひ
覚えておいてくださいね」

【上司への提案】

プレゼンではなく、「対話」を意識しよう

佐山さんのケース

私は、メーカーでマーケティングを担当しています。マーケティングプランを上司に提案し、承認してもらう必要があります。毎週、新商品のプロモーションや既存商品の売上打開策を提案しています。

その上司が厳しくて悩んでいます。上司も、その後行なわれるマーケティング会議で様々なセクションの人たちからツッコミが入るので、私に対しても厳しくあたります。

時々「何を言っているのかさっぱりわからない」とか、「それはまったく違う」とか、きつく否定されたりします。ただ、詳しく話をしてくれるわけでもないので、

どこがどう違うのか、よくわからなかったりします。上司は厳しいですし、あまり気軽に冗談を言い合ったりできるような関係でもなく、プレゼンの前は、少しびくびくしてしまいます。

現状

佐山さん「A商品のマーケティングプランの提案です。現在A商品については都市部では順調に売上がありますが、郊外のショッピングモールの店舗では、予想していた売上が出ていません。そこで人気のユーチューバーに店舗に来てもらって、商品を使ってもらうイベントをやってはどうかと考えています」

上司「うーん、それだと心配だな。営業部が納得するかな。ユーチューバーというのはおもしろいかもしれないけれど、どの店舗でやるつもりなの？ その人が来るからお店に行こうというのは、どんな人なの？ そこで商品の説明をするだけじゃおもしろくないんじゃないかな。それに地域によってはまったく人が来ないと思うよ。さらにいえば、それをやって本当に売上につながるの？ このままでは意味がないんじゃないの？」

佐山さん「それは、えっと、あの……」

まず、前半で述べたピラミッドを意識することから始めましょう。

認識してほしいのは、上司と1対1で話をする機会は、会議の場でプレゼンするのとはまったく別ものであるということです。大勢の人がいる会議でのプレゼンは、一発勝負の場という要素が強いのです。ですので、ちゃんと練習して、ある程度完成された形で臨むべきであるし、ツッコミがたくさん入って収拾がつかなくなってしまうと終わりなので、ある程度上から押さえつける、つまり「その場をコントロールする」必要があります。

ですが、1対1で提案なり、相談をするのは、一発勝負の場というより「対話」しながら「結論を一緒につくれる」機会です。ですから、完璧にプレゼンしようとするのではなく、しっかり対話ができる場を持ち、一緒に結論をつくっていくことを目指しましょう。

上司と自分の「ピラミッド」をすり合わせよう

部下が考えているのと同様、上司も考えています。上司は、ルーティーン業務は部下より少なく、その意味で、考える時間は部下より多いはず。しかし一方で、カバーしている業務範囲が広いため、細かい部分に関しては、部下より詳しくありません。つまり、主張と根拠のピラミッドでいえば、「主張は強く、根拠の部分=2段めはしっかりしているが、3段めの具体的なところにいくとあいまい」な状態であることが多いのではないでしょうか。

話していると、「なんだか上司はいつも直感で判断しているが、大抵あたっているし、自信満々なんだよな」という感じ、ありませんか。これは上司の特性ですね。まず、経験を積んでおり判断基準が明確になっています。一方で、実務に触れていないので具体的な材料は少ないです。その分、ロジックをしっかりと組み立てようとするという感じですね。

佐山さんのケースでいえば、上司の頭の中はこうなっています。

「ある新製品のプロモーションをやるかどうか、という相談をするにあたり、主張はある。キャンペーンをこの程度の予算でやろう、という結論はある。効果ありそうだし、この方法がよさそう、というイメージはありそう。だけど、その細かい根拠は曖昧。だから、どのように自分なりに納得するか、どのように社内で話を通していくかについては、もう少し思考を深めたい」

そんな時、部下はどんなスタンスで上司への提案に臨むか。

まず、相手が誰であろうと、そして状況がどんなであろうが、何より大事なのは、力強い「主張と根拠のピラミッド」を作るということです。私はこう考えているというピラミッドをしっかりと作る。これがなくては始まりません。

「どうせ上司の言った通りにさせられるから、自分の意見を言っても仕方ない。最初から『どう考えますか？』と聞いたほうが早い」と思っている方はいませんか。それでは、上司が考えている以上のものは絶対に生まれません。ですからまずは、自分なりのピラミッドを作ることが必須です。

そのピラミッドの内容を話したうえでどうするか。ここからが、「対話」です。相手の思いを引き出しながら、ピラミッドのすり合わせをしていきながら、自分の意見も伝え、最終的には、合意した一つのピラミッドを作っていく、そんなイメージです。自分のピラミッドと、上司のピラミッドを出し合う、見せ合って、よりいいピラミッドを一緒に作っていく。そんなイメージですね。

ただし、実際にピラミッドストラクチャーの絵を見せ合うということではありません。一緒に、1つのものを作っていく姿勢です。

具体的にどうするかというと、自分のピラミッドは明快ですから、今後は上司のピラミッドを作っていくわけです。そのために、まず上司の意見を丁寧に聞いていく。主張はこうか、その根拠はこうだな、つまりピラミッドにするとこんなイメージかというように、聞いたことを、自分の頭の中でピラミッドを作りながら、上司に確認をとっていきます。

たとえば、こんな感じです。ある企画書について上司に相談をしたとします。

そこで上司はこんな話をしました。

「地域によってはまったく響かない」

「ユーチューバーがくるというのはおもしろいと思う」

「商品の説明をするだけじゃおもしろくない」

「それをやって本当に売上につながるの?」

「このままでは意味がないんじゃないの」

こんな言葉をポンポン言われたら、いいのか悪いのかわからないし、どうすればいいのかわからないと感じるでしょう。

その時に、「これは根拠だな」「これが主張だな」と意識しながら、聞いていくのです。


「地域によっては響かない」というのは、「やり直し」の根拠。

「ユーチューバーがくるというのはおもしろいと思う」というのは、「ゴーサイン」の根拠。

「商品の説明をするだけじゃおもしろくない」「それをやって本当に売上につながる

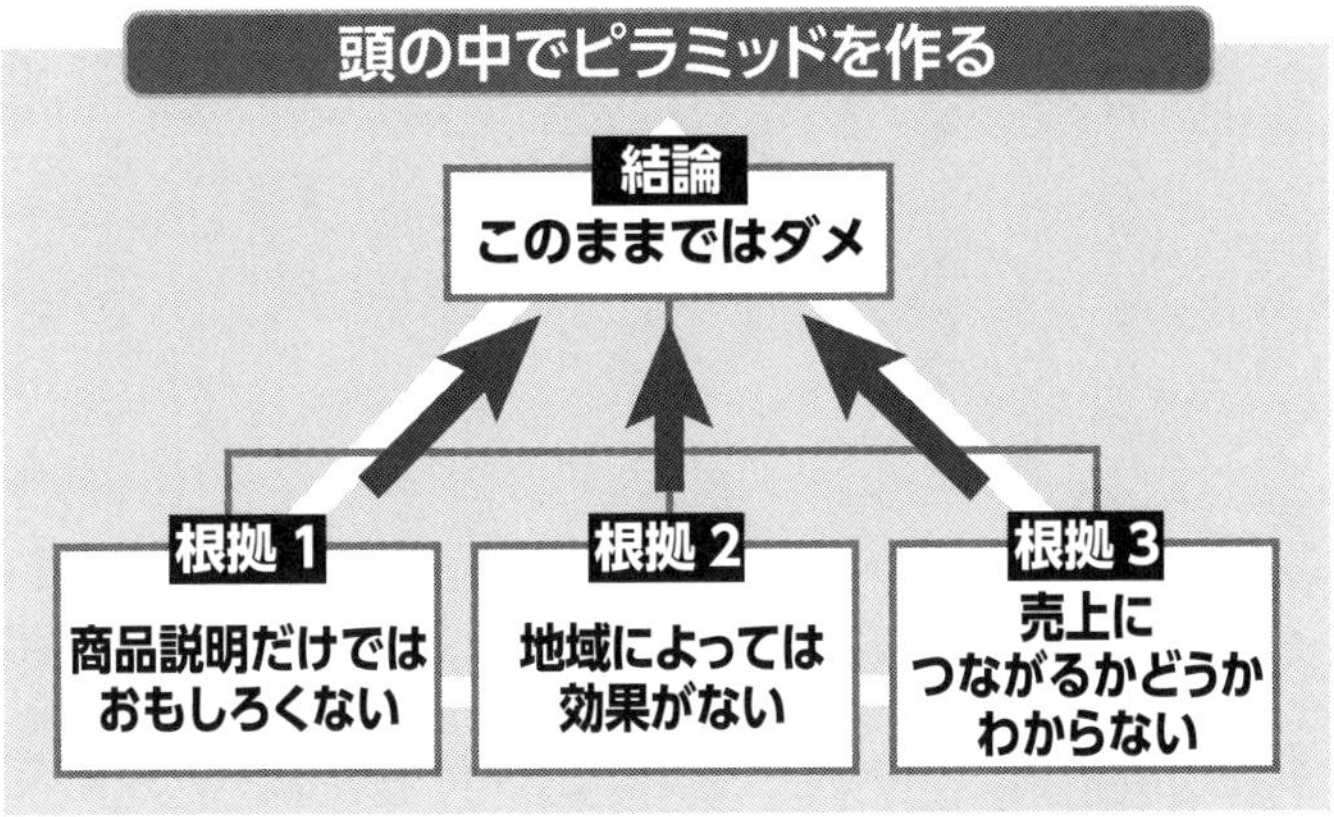

の？」も、「やり直し」の根拠だな。

「このままじゃ意味ないんじゃないの」「営業部が納得するかな」で、結論は、「このままではダメ」ってことだな。

すると、上のようなピラミッドができあがるでしょう。

ただし、「ユーチューバーの人に出演してもらってイベントを行なう」のはおもしろいと言っているので、「イベントの内容、どの店舗で行なうのかを詰めて、イベントをやれば売上が上がるということを示すデータがあれば、通る可能性がある」と解釈できるでしょう。

だいたいこんな感じか、というイメージ

ができあがったら、自分の頭の中で、ピラミッドを重ね合わせていきます。どこが同じで、どこが違っているか。どこが強い主張で、どこがそうでもないか。何で違うか。歩み寄れる余地はありそうか。そういったことを対話しながら頭の中で考えます。

すべての人が、結論から先に話してくれるわけではありません。

何を言いたいのかわからない上司というのもいるでしょう。

そこで「うちの上司は、何言っているかわからない」と匙を投げてしまってはいけません。

そんな場合は、上司の言いたいことを整理してあげるのも、部下であるあなたの役目です。

本来、上司がやるものですが、一緒に1つのものを作るために、そのコントロールは、あなたの頭の中でやっていきましょう、ということです。

そのためのやりとりは、あなたが主導権を握るとよいでしょう。

ピラミッドをとれば、話の主導権は握れる

「話の主導権を握る」ということは大事です。

対話や議論の主導権は上司が握るべきものと思ってしまっていませんか。決してそんなことはありません。話をしていくうえで、主導権は自分にあったほうがやりやすいのです。

私はこれを「焼肉理論」と名づけています。私がグループで焼肉に行く時は、自分がグループの中で年上でも年下でも、トングを手にして、自分が「焼き方」になります。焼肉の網に肉を投入し続け、焼き加減を見てひっくり返し、できあがったら、参加者のお皿に肉を渡していきます。面倒くさいようですが、これはもう習慣にしています。なぜそれをするかといえば、自分が肉を焼くのをマネジメントし続けることで、常に最高の焼き加減の肉を、自分のものにすることが可能だからです。相当せこいですが……。

そこから、自分が上の立場だろうが下の立場だろうが、仕事のペースを自分で握る

ことが重要だと気づき、相手が上司であっても、自分がペースを握れるように努力するようになりました。特に、対話や議論をする際には、上司が何を言い出すか待っているより、こちらからこのように進めていきたいという意思を伝えるようにします。

上司だから言うことを聞く。どうせ自分の意見は聞き入れられない。だから黙って、上司の意向を待つ。これではあなたは単なる作業者になってしまいます。

そうではなく、しっかりと、自分の意見を言う。それが間違っていてもいい。これが上司との信頼関係をつくるうえでも大事なことです。

「配慮はしても、遠慮はするな」

ということです。遠慮して、後から同僚に「俺はこう思ったんだけどさ」と愚痴ったところで、永遠に状況は改善しません。

自分の意思を伝えましょう。そのうえで、一緒にいいものをつくるというスタンスで臨みましょう。

目上の人に対しても「私たちは」を使う

細かい話ですが、私は、すり合わせていく過程では、「私はこう思います」「○○さん（上司）はどう思われますか？」という言葉遣いをせず、「私たちは」と言ったりします。常に、私対あなた、ではなくて、「私たち」という意識を忘れないためです。一緒にいいものをつくれば、上司が考える1ではなく、自分の意見が加わった1＋1＝2でもなく、1＋1＝3になる可能性があります。そのために、一緒につくっていく姿勢が大事です。

意見が合わない時は

意見が合わない時は、自らの意見を述べた後、上司と自分の意見の相違点を探っていきます。

そもそも、相違点は、主張そのものがまったく異なる場合もありますが、立ち位置が違うために生まれるものも結構あります。たとえば、次のような感じです。

- **課題を異なるサイズ感でとらえている（その場の問題か、チームの問題か）**
- **ゴールまでの時間感覚が異なる（目の前の問題か、1年後までの問題か）**
- **ゴールに向かう道のりが違う（Aという方法とBという方法）**
- **上司と自分の立場の違いがある（個人の成績かチームの利益かなど）**

上司にしても自分にしても、最終的に目指すゴールは、会社の売上アップ、または収益アップであるはずです。どこかで共通する部分は必ずあります。それなのに何かずれがあるとしたならば、どこまでを解決したいと考えるのか（とらえる課題のサイズ感）、半年くらいの短期でみるか、2～3年の中長期で見ているのか（ゴールまでの時間軸）、やり方が違うのか（ゴールに向かう道のり）、それとも、そもそも上司として立場が自分と異なるから意見が異なっているのか（立場の違い）、というように、立ち位置、前提としているものが違ったりすることがあります。

そういう場合は、必ずどこかで共有できるところがあるので、**まずは、「ここは共**

有できる、同じ方向だ」というポイントまで遡りましょう。そのうえで、なんでこの相違点が生まれているのか、どうすればこの相違点は解消するのだろうかと考え、話していきましょう。

ここで大事なのは、上司も自分の意見を言いたいだけではない。よりよいものをつくっていきたいと考えているということです。だとすると、しっかりと対話をしながら、いいものをつくっていこうというスタンスで部下も臨むべきです（もちろん、上司側もそのようなスタンスでいることが必須です）。

上司の話も引き出せ

そのためには、部下から「謹んで上申いたします」と自分の意見を話すだけ話して、「以上です、いかがでしょうか？」と待っているのではダメです。それだと、上司はあなたの案を添削するだけになります。

そうではなく、自分の案も出す、上司の案も引き出す、比べながら最高の案をすり合わせていく、そういう順番で考えていきましょう。繰り返しになりますが、その主導権を部下であるあなたが握るのです。

うまく対話をするためのコツを最後にお話ししておきます。これは、前半で述べたように、自分の意見という「主観」をもちながら、状況を俯瞰的に見る「客観」を忘れないようにするということです。

自分の意見はちゃんともつ。これが主観です。これを伝えることで、対話が始まります。そのうえで、相手の意見と戦うのではなく、上司はどんな意見をもっているか、なぜそう言っているのか、自分の意見とどう異なるのか、どこをどうすると、合意できるのか、といったことを考えるのが客観の自分です。

「主観の自分」が意見を言ったら、いったん、「客観の自分」にバトンタッチして、上司と自分の両方を等距離で暖かく見つめる存在となって、冷静に合意点を探っていく。そして、「客観の自分」が色々考える中で、やはり自分の主張をもう1度しっかり伝えたほうがよいなと思ったら、改めて「主観の自分」を登場させるというように、主観と客観を出したり引っ込めたり、ということを繰り返すのです。

この感覚がわかると、人との対話が驚くほどスムーズに進みます。

言い換えれば、自分の意見を伝える時は、「私はこう思います」というモード、相手の意見を聞く時には、「あなたの気持ちになってみます」というモード、そして、考える時は、「私たちはこうなのだろう」というモードです。

このように、上司との1対1での提案は、自分が対話の主導権を握りつつ、主観、客観のモードを変えながら、合意できるピラミッドを一緒に作り上げて行くことを意識してみてください。

こう変えた

上司「うーん、それだと心配だな。営業部が納得するかな。ユーチューバーというのはおもしろいかもしれないけれど、どの店舗でやるつもりなの？　その人が来るからお店に行こうというのは、どんな人なの？　そこで商品の説明をするだけじゃおもしろくないんじゃないかな。それに地域によってはまったく人が来ないと思うよ。さらにいえば、それをやって本当に売上につながるの？　このままでは意味がないんじゃないの？」

佐山さん「では、イベントの内容、どの店舗で行なうのかを詰めたうえで、イベントをやれば売上が上がるということを示すデータをそろえれば通る可能性がある、ということですね」

上司「まあ、そういうことかな」

【取引先との商談】提案よりも「問題解決」で信頼をつくる

大川さんのケース

銀行で営業一筋10年です。収益目標は厳しいですが、色々提案しながら、取引に結びつけており、成果は出ています。

取引先の担当者や課長さんからは好かれていると思うのですが、社長さんたちには、いまいち信頼されているように感じません。自分より立場が上の人とどうやって信頼関係を構築していったらいいでしょうか。

現状

「今回は、弊社の新しいスキームについてご説明におうかがいいたしました。おそらく御社にもお役に立つのではないかと存じております…」

何を優先させるのか

営業で取引先と接するのは、社内のプレゼンとも、上司への提案ともまた違う部分があるでしょう。大事なのは、相手のニーズにどう応えるかということ。相手の課題を解決することが営業の仕事です。相手の課題に対し色々相談にのり、自分が働きかけた結果として相手の課題が解決されれば、それは、営業が仕事をしたということです。

営業の仕事は、自分の会社の商品やサービスを売り込むことではありません。相手の課題を解決するのが営業の仕事です。ここに気づく人は営業の成績が上がるし、かつ、お客様の信頼を得ることができます。ここに気づかない人、理解はできるが、そうは言ってもなと思う人は、テクニックで短期的な成果を出すことは可能かもしれませんが、お客様の信頼を得ることはできません。これだけです。

たとえば、金融機関なら、お金を借りてくださいとか、外為を取り扱わせてくださいとお願いしてる限りは、相手の信頼は得られません。おそらくそういうお願いをされる方は短期的にノルマがあり、それを達成しなければならないから、取引先にお願いする、ということだと思いますが、それで仮にお取引先が応えてくれたとしても、お願いしてくる相手には、信頼関係は生まれません。まず、相手のニーズに応える。結果として信頼関係が生まれる。それが取引に結びつく。結果として成果になっていく。こういう順番です。

これまでの私の経験からしても、明らかにそうです。

銀行で営業をしていた時、お取引先の社長が色々なアイデアをお持ちでした。非常に興味深かったので、社長のお話を丹念に聞き、整理し、それを一つひとつ実行していくとしたらこういうスキームですね、そのためにはこういうことをやっていかねばなりませんねということを整理して、自分たちが提供できることも含め、「まずは御社で○○を行なう子会社をつくられてはいかがですか」と提案しました。

私としては、普通に、お取引先のお役に立とうと思ってやったことです。そうやって信頼を得ていけばいつかはこれも取引拡大につながると思って、まあボランティアでもなんでもなく、仕事の一環として当たり前にやっただけなのです。でも、社長にプレゼンをしたら、びっくりして、

「こんな提案をしてくれるのは伊藤くんのところだけだよ」

と言ってくれました。

逆に、私がびっくりでした。「私としては当たり前のこととして、社長のお役に立てればと思い、整理し、解決スキームを考え、ご説明したのですが」と話したところ、「いや、ほかの担当者は、僕の話しているところから自分たちの商売につながることだけを抽出して、ならば金を借りてください、ならば預金を入れてください、そんなことばっかりなんだ」とおっしゃるんですね。

まあ本当にびっくりでした。私は自分をさほど優秀な営業ではないと思っていて、まあそんな提案など、誰もがやっていると思いきや、他の銀行の担当は皆自分たちの

取引が増えることしか考えていないのかと。世の中がそうなら、これは「正直、ちょろいな」と思った次第です。

それ以来、私はかなり意識して、自分たちのエゴは捨て、お取引先のお役に立つことだけを追求するようになりました。自分たちの専門分野である金融を中心にお役に立とうとするので、その手段として自分たちのソリューションを紹介することもありましたが、結果として、自分たちの商売にはまったくつながらない話も、どんどん提案していきました。そうすると、お取引先の社長からの信頼は絶大となりますし、結果として、取引はどんどん拡大していきました。

信頼を得るために

信頼を得るためには、まずは自分たちのエゴを捨て、相手の課題に向き合い、ニーズに応える。ひたすらこれを続けていれば、必ず商売に結びつきます。

今度は私が取引先側の立場で、ＩＴベンダーさんとおつきあいしている時に、やっぱりそうかと確信することになりました。

その会社の担当者は、常に、当時私のいた会社のトップから担当に至るまで、また、システム部門だけではなく営業、マーケティングやその他色々な部門に至るまで、幅広く話を聞き、私たちの「壁打ち相手」となってくれていました。

たとえば、社内の情報共有や営業の案件管理で悩みがあると相談すれば、自社での仕組みはこうなっていると教えてくれたり、自分たちが行なっていこうとする企業変革の方向性を議論したいと言えば、社内のコンサルタントと一緒に、課題の整理を一緒にお手伝いしてくれました。

当方としては、誰か聞いてくれる人がいて、解決策を一緒に考えてくれる彼らが大変ありがたい存在でしたが、これが彼らのビジネスにつながるか、想像はつきませんでした。しかし彼らは「いいんです、いいんです」と言って、壁打ちにつきあってくれるんです。

そうこうしているうちに、やっぱり何か案件があるとしたら、私たちも彼らを頼るようになりました。そもそも社内で検討していた様々な話には、ＩＴで解決するべきものもあり、それも彼らに相談しているわけですから、提案だって早いし、クオリティが全然違う。結果、大きな取引関係に結びついていったと記憶しています。これが信頼関係なんです。

言うは易し、行なうは難しということかもしれません。しかし、この感覚が持てるか持てないかで結果は変わるのです。

どのように提案しよう、どのように話をしていこう、誰に仕掛けようとか、そういう話ではありません。取引先と、信頼関係を築けるか。そのためには、相手のニーズに応えられるか。それだけを信じて、ブレずに動いていきましょう。

改善

大川さん「御社で現在〇〇の部分でお困りではないですか？　パートナーとして御社の問題解決のお役に立ちたいと思い、社内でこんなディスカッションをしてきました……」

社長「そう、そこは悩んでいるんだよ。それに近い感じで、こんな問題意識があってね…」

【ファシリテーション】
広げて絞る流れを意識しよう

小山さんのケース

この度、係長ということで初めて役職者になりました。部長、課長、一般メンバーたちとともに、定例会議をするのですが、今年度より、昇進と同時に会議のファシリテーション（仕切り）を担当するように言われました。

でも、ファシリテーションのやり方がよくわかりません。進め方の「型」は、そういった本を読めば出ているのですが、たくさんの意見が出てきて、最後、意見を固めていく、という部分の進め方が今ひとつぴんときていません。

今度あるプロジェクトの会議のファシリテーションも任されたのですが、心配です。

現状

小山さん「自社のプロモーションビデオですが、誰に出演してもらうかを決めたいと思っています」

「〇〇がいいんじゃないですか。人気があるし」

「〇〇もいいよね。若い人に知ってもらうには」

「それだと、きっと決裁が通らないよ。役員も好きな〇〇という俳優がいいのでは」

「そんなこといっても、予算がいくらあると思っているの？」

——収拾がつかない……。

会議などのファシリテーションは、確かに難しいです。これがしっかりしていないと、放談会みたいにみんな勝手に意見を出し合って、結局まとまりがつかず、ストレスをためたまま時間切れとなり、そのストレスを全部ファシリテーターにぶつけてくることになります。

基本的な流れは、「ゴールを決め」、そのうえで「広げる、軸を決める、絞っていく」の3つです。

ゴールを決める

「ゴールを決める」とは、その会議で何が決まればいいか、どこまで深く掘り下げたらいいかという線を決めておきましょう、ということです。たとえば、「A製品のクレーム対策をまとめる」「B商品のキャンペーン施策の方向性を固める」「社内運動会のプログラムを決める」「自社プロモーションビデオに出演するタレントを決める」といったことです。

これは、言葉にして、会議の最初に全員で共有しておきましょう。

「今日の会議のゴールは、◯◯を××することです」

と言葉にして、ホワイトボードに書いておきましょう。

そして最初は、議論のネタがたくさん出てくるように、可能な限り色んな意見を聞く。これが「広げる」です。そのゴールに向かうために、何を話さなければならないか、この会議に向けてどんなことを考えてきたか、みんなで共有しておかねばならないことはあるかなど、皆の共通認識を広げるために、とにかくたくさん話してもらうことです。

たとえば「自社プロモーションビデオに出演するタレントを決める」ということでしたら、

- **どういう露出のされ方をするのか、共有する**
- **プロモーションビデオの内容を共有する**
- **タレントはどんな決め方で決めていくか、案を出してもらう**
- **タレントにどんなことを期待するか、話してもらう**
- **どんなタレントだとよさそうか、試しに案を出してもらう**
- **他社のプロモーション動画で印象に残ったものを紹介してもらう**
- **社長は何か言っているか、誰か聞いた人はいないか確認する**
- **予算がどのくらいあり、それにより受ける制約をまとめてもらう**

など など、テーマは色々あります。ゴールに対し、共有しておいたほうがよい事項、そして、そのテーマに関して頭の中にあることはすべて出してもらいましょう。

●今、誰が候補にあがっているか、紹介してもらう

この、頭の中にあるものはすべて出すということが大事です。たとえば、今候補に上がっているタレントが決まっているのなら、どんなタレントがよさそうかと聞いたところで、意味はないかもしれません。それでも頭の中にあるものは出してもらう。万が一、候補がひっくり返るかもしれませんし、その例を聞くことで、その人がどんなことを考えているのかを垣間見ることができます。とにかく最初は、出席者の頭の中を広げることが大事です。

次に、「軸を決める」です。

これは、会議に出席している皆が、どういう軸で何を議論すればいいか、ということを提示することです。

たとえば先ほどの例でいえば、

- **タレントに何を期待するか**
- **予算をどの程度使うか**
- **どうやって自社ならではの特徴を出していくか**

という3点を話しましょう、とするわけです。

そして「絞っていく」です。これは、議論して、ゴールに向かっていきます。先にあげた軸についてそれぞれ話しながら、それぞれの結論を出す。その結果、絞られてきたタレント候補から3点の軸に合う人を選出し、評価し、最終的には、皆で多数決でもして、決めてもらう。そんな流れです。

これはどういう作業かといえば、主張と根拠のピラミッドを会議で作り上げていくということです。

まず、「広げて、軸を決める」というプロセスは「根拠の枠組みをどう作りましょうか」ということです。枠組みの中身はさておき、３つの根拠はどんなハコにするかを、色んな意見を聞きながら決めていくプロセスです。

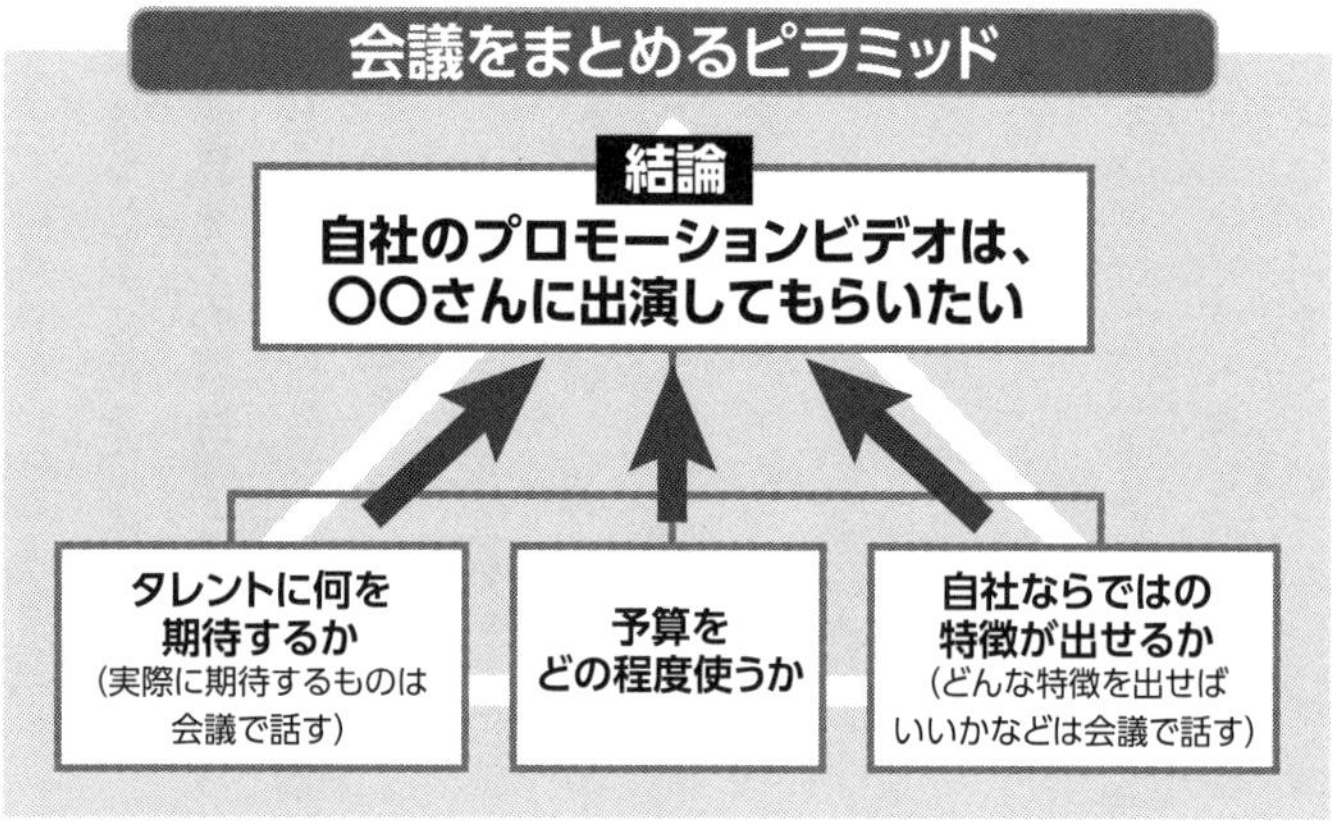

次に、「絞っていく」というのは、そのハコの中にどんな根拠が入って、結論として誰を使っていくという、内容を決めていくプロセスです。

・目的　自社の知名度を上げるためのプロモーションビデオに出演するタレントさんを決める

ピラミッドで書くと、上のようになります。

最後に、まとめとして、

「結論としては、〇〇さんを使っていくことにしたい」

「根拠としては3点、1点め、私たちは、

タレントに、こんなことを期待したい。２点め、予算はこのくらい使える（から、このレベルのタレントだ）。３点めとして、こういう動画にして、こういう特色を出していきたい」

「これが満たされるのは、◯◯さんなのです」

という流れです。

会議のゴールは、ピラミッドにおける結論です。結論を決めるうえで、会議の参加者は根拠を明確にし、その決定に自信を持ちたい。だから、根拠のハコはしっかりと議論して作る。さらに、他に検討する要素がないということを共有しておくため、最初に様々な意見を広く聞いておくことです。

ファシリテーターとしては、この流れをコントロールしていくのです。常に頭の中に置いて、その空欄を埋めていく作業をやっていくわけです。この流れがわかっているだけで、随分とやりやすくなるのではないでしょうか。

結論は誘導しない

留意点としては、前半はとにかく頭の中にあることを出してもらうこと。発言の量が大事です。そのために、明るく「なんでもいいですよ！」という雰囲気を出し、基本、全部肯定するとよいでしょう。いいねいいね！という感じでどんどん意見を引き出しましょう。

一方で、後半はモードを変えて、絞っていくプロセスですから、発言の質が大事。皆の心を、結論にまとめていく方向にリードしていくことが大事です。ただ、今ひとつな意見が出た時に渋い顔をしては、意見が出にくくなるので、「いい意見だな！」と思った意見にくいつくことです。

ファシリテーターが結論を誘導したら、参加者は一気に白けることがありますから、自分がこうしたいという方向にリードするのはなるべく避けます。そうではなく、「みんなでいいピラミッドを作ろう」とした時に「いいな」と思われる意見にくいつくことです。

事前準備を必ず行なう

また、ファシリテーションをやる時には、事前準備を行なうことは必須です。

- **事前に考えておいてもらうことを参加者に提示しておく**
- **どんなことを共有してもらうかを考えておく。場合によっては担当者に提示しておく**
- **軸（つまり、根拠となるハコ）にはどんなものが入りそうか、いくつか考えておく**
- **どんな議論が行なわれるかをイメージを想像しておく**
- **収拾がつかなくなったらどういう介入をするかを考えておく**

こういったところです。

繰り返しになりますが、会議のファシリテーションは、主張と根拠のピラミッドを、参加者の発言によってみんなで作り上げていく作業をリードするものです。ファシリテーターは、ハコを準備し、ハコに意見を入れていってもらうというところはリードすべきですが、その内容がどんなものになるかは、あくまで参加者にまとめていってもらう。そんな役割だと認識しておくとよいでしょう。

改善

小山さん「自社のプロモーションビデオですが、出演するタレントを誰にしたいかを決めたいと思います。

全体の内容と予算は事前にお知らせしたとおりだけど、議論に入る前に、事前に宿題を出していた

- **タレントさんに期待すること**
- **他社さんの動画でよかったもの**
- **こんなタレントさんがいいなというもの**

について、話してもらってもいいかな」

（広げる）
「うちはニッチな事業だから、多くの人に知ってもらえるような人」
「技術分野で難しそうな印象を持たれていると思うから、もっと身近なイメージを伝えられる人」
「Ａ社の子どもとママが話しているＣＭはよかった」
「キャラクターを活用しているやつも、見るだけでその会社とわかっていいです」
「人気があるから、女優の○さん」
「子どもにも人気のお笑い芸人の○さんがいいです」

（軸を決める）
小山さん「みんなの考えはなんとなくわかりました。
ここから、どんな人に決めるべきかを話したいんだけど、
- **そのタレントに何を期待するか**
- **予算をどの程度使うか**
- **どうやって自社の特徴を出していくか**

の3点で話していきたいと思います。

まず、タレントさんに何を期待しますか？

「身近に感じてもらうこと」

「清潔なこと」

……

小山さん「ここまでの話をまとめると
タレントさんに期待するのは、人気があって親近感がわく人。

予算はメールの通り。

自社の特徴である技術力は、誰かが困っているのを助けるといったストーリーで出せるといいのではないかということだよね。

だとすると、どんな人がいいのかな」

「最初に○○さんが言っていた、若手女性タレントの○さんがいいんじゃないですか」

「人気があって予算が高そう。この要素を満たす人として、最近注目され始めた○○さんも候補にあげておきませんか」

小山さん「では、この2人を候補にすることにしましょう。お疲れ様でした」

◆

◆

最後まで本書をお読みくださいまして、ありがとうございました。

私が現場でやり続けたプレゼン稽古で得られた知見を、すべて盛り込んだのがこの本です。私が稽古をつけていながら、実際には、皆さんから教えていただいたことばかりです。皆さんとの真剣勝負の場がなければ、この本は生まれませんでした。取材に立ち合ってくださった森紀子さん、貞光勝郎さん、ＳＢクリエイティブ多根由希絵さんはじめ、かかわったすべての方に御礼申し上げます。ありがとうございました！

２０１８年２月

伊藤　羊一

著者：伊藤羊一（いとう よういち）

ヤフー株式会社 コーポレートエバンジェリスト Yahoo! アカデミア学長。株式会社ウェイウェイ代表取締役。東京大学経済学部卒。グロービス・オリジナル・MBA プログラム（GDBA）修了。1990 年に日本興業銀行入行、企業金融、事業再生支援などに従事。2003 年プラス株式会社に転じ、事業部門であるジョインテックスカンパニーにてロジスティクス再編、事業再編などを担当した後、2011 年より執行役員マーケティング本部長、2012 年より同ヴァイスプレジデントとして事業全般を統括。
かつてソフトバンクアカデミア（孫正義氏の後継者を見出し、育てる学校）に所属。孫正義氏へプレゼンし続け、国内 CEO コースで年間 1 位の成績を修めた経験を持つ。
2015 年 4 月にヤフー株式会社に転じ、次世代リーダー育成を行う。グロービス経営大学院客員教授としてリーダーシップ科目の教壇に立つほか、多くの大手企業やスタートアップ育成プログラムでメンター、アドバイザーを務める。

1分で話せ

2018 年 3 月 20 日　初版第 1 刷発行
2025 年 3 月 27 日　初版第60刷発行

著　者　　伊藤羊一
発行者　　出井貴完
発行所　　SB クリエイティブ株式会社
　　　　　〒 105-0001 東京都港区虎ノ門 2-2-1

装丁　　三森健太（tobufune）
本文イラスト　　ひらのんさ
本文デザイン・DTP　　ISSHIKI
校正　　新田光敏
編集担当　　多根由希絵
印刷・製本　　中央精版印刷株式会社

本書のご感想・ご意見を QR コード、
URL よりお寄せください。
https://isbn.sbcr.jp/95235/

© Yoichi Ito 2018 Printed in Japan
ISBN978-4-7973-9523-5
落丁本、乱丁本は小社営業部にてお取り替えいたします。
定価は、カバーに記載されております。
本書に関するご質問は、小社学芸書籍編集部まで書面にてお願いいたします。